KB182037

# 세상에 없던 금융,
# 디파이 입문편

## 세상에 없던 금융, 디파이: 입문편

**1쇄 발행** 2022년 2월 21일
**2쇄 발행** 2023년 6월 30일

**지은이** 코인게코
**옮긴이** 디파이크루
**펴낸이** 장성두
**펴낸곳** 주식회사 제이펍

**출판신고** 2009년 11월 10일 제406-2009-000087호
**주소** 경기도 파주시 회동길 159 3층 / **전화** 070-8201-9010 / **팩스** 02-6280-0405
**홈페이지** www.jpub.kr / **원고투고** submit@jpub.kr / **독자문의** help@jpub.kr / **교재문의** textbook@jpub.kr

**소통기획부** 김정준, 이상복, 김은미, 송영화, 권유라, 송찬수, 박재인, 배인혜
**소통지원부** 민지환, 이승환, 김정미, 서세원 / **디자인부** 이민숙, 최병찬

**진행 및 교정·교열** 이상복 / **내지디자인** 이민숙 / **내지편집** 최병찬
**용지** 타라유통 / **인쇄** 해외정판사 / **제본** 일진제책사

**ISBN** 979-11-91600-69-8 (93000)
**값** 18,000원

# 세상에 없던 금융, 디파이 입문편

코인게코 지음 · 디파이크루 옮김

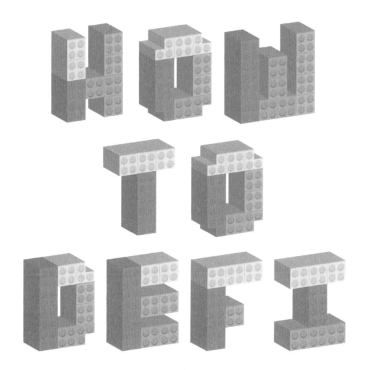

## PART I | 중앙집중화 & 탈중앙화 금융

### CHAPTER 1 | 기존 금융기관  3

### CHAPTER 2 | 탈중앙화 금융  10

## PART II | 디파이 시작하기

### CHAPTER 3 | 탈중앙화 레이어: 이더리움  21

아마도 일반적인 학창 시절을 보낸 한국인이라면, 투자/금융/자산 등의 표현이 굉장히 낯설게 느껴질 것이다. 우리는 교과서를 통해 수요와 공급 곡선을 배웠지만, 현 시대에 운용되는 경제 시스템을 이해할 기회는 많이 얻지 못했다.

그래서 우리는 자본주의 세상의 아주 단편적인 부분만을 미디어를 통해 이해하고 받아들이며 저축과 부동산, 주식투자만이 재테크의 전부라고 생각하며 살아왔다. 그리고 시간이 흘러, 그 결과 우리는 경제적으로 어떠한 삶을 살고 있는가?

다행스럽게도, 약 15년 전 등장한, 흔히 '분산 원장'이라 불리는 블록체인 기술을 통해 우리에게 조금은 더 다양한 세상을 경험할 수 있는 기회가 생기기 시작했다. 블록체인은, 아주 단순하게 말하면, 원장의 분산적 공유를 통해 신뢰를 보장하는 시스템이다.

여러분이 사석에서 타인으로부터 어떤 물건을 받았다고 가정해보자. 만약 이 사람이 "나는 선물을 준 적이 없다"라고 주장할 경우 우리는 이 주장이 거짓임을 증명할 수 없다. 그러나 선물을 받는 과정에서 1천 명이 보고 있는 사회관계망에 그 사실을 공유했다면, 그 주장이 거짓임을 명백하게 증명할 수 있을 것이다.

어떠한 사실에 대한 신뢰를 다수에 의해 만들어낼 수 있게 됨으로써 우리는 다양한 시도를 할 수 있게 되었고, 그중 현재 가장 영향력 있는 부분이 바로 금융이다.

기존 금융은 국가나 은행의 신뢰 위에 구축된다. 저축에 대한 이자는 은행의 약속이며, 국채는 국가의 약속이다. 블록체인 개발자들은 이러한 신뢰 시스템을 새로운 기술과 유저들의 참여를 기반으로 구축할 수 있다는 것을 깨닫고, 그 위에 기존 금융 시스템을 구현하거나 새로운 형태의 금융 시스템을 구축해 소개하기 시작했다.

그것이 디파이Defi이며 새로운 금융 시스템의 시작이다. 이러한 금융 시스템은 소수의 허가된 사람들에게만 허용되던 다양한 금융 상품을 모두에게 공개했다. 이를 통해 많은 사람이 좀 더 다양한 기회에 눈을 뜨기 시작했고 이제는 기존 시스템에 저축하던 자산을 새로운 시스템으로 이동시키기 시작했다.

안타깝게도 현재의 디파이는 아직 기술적으로 복잡하고 어렵기 때문에 누구에게나 동일하게 기회가 오픈되어 있지만 많은 사람이 경험하지 못하는 것이 현실이다. 이러한 문제를 해소하고, 블록체인의 기본 정신인 형평성을 지키고자 이 책이 출간되었다.

빠르게 발전하는 업계 특성상 대부분의 자료가 영문 자료이며, 자료를 각 나라의 언어로 번역하는 동안에도 많은 변화가 일어나는 것도 사실이다.

이 책이 집필되고 번역되는 동안에도 여전히 업계는 변화하고 있다. 그러나 누군가는 언젠가 사명감을 가지고 반드시 해야 할 일이 이러한 자료의 번역이다. 이 책이 그 시작을 알리는 멋진 이정표이길 바란다.

**김지윤**, DSRV 대표

한창 디파이 열풍이 불 때 코인게코 팀이 디파이를 집중적으로 설명한 책을 쓰고 있다는 소식을 듣고는 개인적으로 코인게코 공동설립자 바비 옹Bobby Ong에게 무한응원을 보냈던 기억이 난다. 코인게코는 다양한 시장 관련 정보를 최대한 객관적으로 전달하는 세계적인 코인 정보 플랫폼이다. 유익하고 빠르게 코인 시장 정보를 전달 및 공유하려는 미션을 꾸준히 지키고 있는, 충분히 존경할 만한 팀이다.

그런 팀이 엄청난 노력을 들여 책을 발간한다고 했을 때, 나아가 한국어로 번역본이 나온다고 했을 때 너무 반가웠고 기뻤다. 어느 누구보다도 디파이 관련 최신 정보를 이해하기 쉽게 설명했을 것이라고 믿었기 때문이다. 읽어보니 한국어 버전도 훌륭하게 번역되어 있었다. 난해하기만 느껴졌던 디파이라는 모호한 개념을 명확하게 세부 개념들로 나눠서 설명하고 있어서 읽기 참 편했다.

디파이는 NFT 훨씬 이전부터 블록체인 기술이 가장 잘 활용될 수 있는 혁신적인 분야라고 평가를 받아왔다. 하지만 한국에서는 기대에 못 미치는 수준으로 디파이 참여도가 낮았고 받아들이려는 속도도 상대적으로 느리다고 평가받고 있어 참 안타까웠다.

규제의 우려가 존재하지만, 디파이는 블록체인 기술이 실험적으로 매우 잘 응용되고 있는 분야라고 생각한다. 현 금융 체계에서 만성적으로 발생하던 불편한 점들을 디파이를 통해 해결하려는 다양한 실험이 현재도 진행 중이다. 많은 리스크가 존재하는 것은 사실이지만, 성장 속도가 빠른 만큼 리스크를 최소화하려는 시도들 역시 계속 이뤄지고 있다.

한국 내의 관련 커뮤니티도 이렇게 잠재력이 있는 디파이에 대해 최소한 인지는 하고 있어야 한다고 굳게 믿는다. 따라서 이 책을 2022년을 시작하면서 꼭 읽어야 할 책으로 강하게 추천한다. 나아가 책을 통해 디파이에 흥미를 느끼게 된다면 하루빨리 디파이의 세계에 뛰어들라고 권장하고 싶다.

**강현정**, 크립토서울KryptoSeoul 대표

**김용현**(Microsoft MVP)

디파이를 활용한 스테이블코인, 거래소, 대출, 파생상품, 보험 등을 넓고 얕은 지식보
다 조금 더 깊게 설명합니다. 이론을 기반으로 실제 서비스를 실습해봄으로써 디파이
관련 서비스를 실제 생활에 활용하고 접목할 수 있는 훌륭한 길잡이 역할을 합니다.

 **정태일**(삼성SDS)

탈중앙화 금융, 즉 디파이가 빠르게 기존 금융 생태계가 가진 문제들을 해소하고 있
고 다양한 범주에서 새로운 가능성을 제시하며, 소외된 계층에게 기회를 주는 수단
이 될 수 있음을 알게 되었습니다. 디파이 기반 서비스를 경험해보며 디파이가 가져
올 미래에 대한 인사이트를 얻고자 하는 입문자분들께 추천합니다.

 **이현수**(유노믹)

돈에 무지하다 보니 근로소득 외에는 관심이 없었지만, 지난 몇 년간 블록체인 기술에
기반한 가상화폐와 거래소, 탈중앙화 금융의 등장으로 빠르게 변하는 세상 속에서 변
화에 편승한 사람들이 혜택을 누리는 모습을 보았습니다. 책을 통해 제가 금융에 관해
모르는 것이 많다는 것을 알았고, 앞으로 금융을 배워야겠다는 자극을 받았습니다.

 **공민서**

디파이를 몰라서 알고 싶은 마음으로 읽었습니다. 요즘 NFT, 메타콩즈 같은 키워드
도 이해하고 싶었는데 이 책을 읽고 나니 세상이 변하고 있다는 생각이 듭니다. 우리

가 사용하고 있는 '원' 화폐는 앞으로 어떻게 될지, 은행 업무는 어떻게 변할지 궁금해집니다.

 **신진규(JEI)**

빠르게 디파이의 개념을 익히는 데 많은 도움이 되었습니다. 전통적인 금융 서비스를 분산 환경에서 구현한 다양한 서비스를 소개합니다. 실제 사용 예시를 잘 보여주므로 해당 서비스를 사용하지 않고도 어떤 서비스인지 간접적으로 체험할 수 있었습니다.

 **사지원(뉴빌리티)**

금융 무지렁이인 저는 이 책을 만나 탈중앙화 금융 시스템이 무엇인지, 디파이는 무엇이고 어떤 서비스들이 있는지를 알았습니다. 기존의 복잡한 금융 시스템으로부터 벗어난, 자유롭고 간단하고 누구나 쉽게 사용할 수 있는 미래의 금융 시스템이 궁금하다면 이 책과 함께 디파이를 알아보면 어떨까요?

제이펍은 책에 대한 애정과 기술에 대한 열정이 뜨거운 베타리더의 도움으로 출간되는 모든 IT 전문서에 사전 검증을 시행하고 있습니다.

"디파이가 좀 겁나고 복잡해 보여도 이 책과 함께라면 쉽게 배울 수 있다."

**세브 오데**Seb Audet, 디파이스냅DeFiSnap 창립자

"내가 디파이에 대해 전혀 모르는 상태로 돌아가게 된다면,
이 책으로 공부하기 시작할 것이다."

**펠릭스 펑**Felix Feng, 토큰세트TokenSets CEO

"이 책은 입문자도 쉽게 디파이를 시작할 수 있게 도와준다."

**휴 카프**Hugh Karp, 넥서스 뮤추얼Nexus Mutual CEO

"탈중앙화 금융에 관한 콘텐츠는 넘치지만,
이 책만큼 종합적이고 심도 있는 책은 없다."

**레이턴 큐잭**Leighton Cusack, 풀투게더PoolTogether CEO

"디파이를 두루 이해할 수 있는 유용한 책이다."

**케인 워릭**Kain Warwick, 신세틱스Synthetix 창립자

"이 책은 은행 없는 세상을 지지하는 선구자들이 창조한
새로운 경제체제에 대해 자세히 설명한다.
시중에서 구할 수 있는 가장 좋은 안내서가 아닐까 싶다."

**마리아노 콘티**Mariano Conti, 메이커다오MakerDAO 스마트 컨트랙트 총괄

이 책의 초판이 출간된 후 디파이 세상에는 정말 많은 발전이 이루어졌습니다! 디파이DeFi는 탈중앙화 금융decentralized finance의 약자이며, 현재 블록체인 및 암호화폐 생태계에서 성장이 매우 빠른 부문 중 하나입니다. 점점 더 많은 수의 기관이 디파이를 받아들이면서 머지않은 미래에 디파이가 종래의 전통 금융 체제 안으로 통합되는 모습을 보게 될 수도 있겠지요.

2017년 말 디파이의 시작은 초라했습니다. 그러나 2020년 여름이 되자 아주 많은 사람으로부터 관심을 받았고, 그 인기는 현재까지 이어지고 있습니다. 디파이 분야의 프로토콜은 끊임없이 혁신 중입니다. 이 개정판(2판)은 여러분이 디파이 세계에 첫걸음을 내딛는 데 도움이 될 수 있도록 업계의 최신 개발 내역을 업데이트하고, 영역별로 카테고리화하여 각 장을 간결하게 구성했습니다(1년 전 초판을 완독했다면 이미 옛날 이야기가 되어버린 예시들을 발견할 것입니다. 디파이 세계는 그만큼 빨리 움직입니다).

2판은 초판과 마찬가지로 디파이가 무엇이고 어떤 방식으로 커뮤니티에 중요한 영향력을 미치는지 설명합니다. 이 책을 통해 탈중앙화 스테이블코인, 탈중앙화 거래소, 탈중앙화 대출, 탈중앙화 파생상품, 탈중앙화 보험 등에 대하여 차례로 알아볼 것입니다. 각 장에는 여러분이 디파이 서비스 제품 중 최소한 하나 이상 실제로 사용해볼 수 있도록 단계별 설명을 포함했습니다.

각 장의 말미에는 필진이 추천하는 읽을거리를 실었습니다. 디파이 생태계를 더 깊숙이 들여다볼 때 도움이 될 만한 자료들을 선별했습니다. 사람들이 디파이에 쉽게 다가가도록 하는 데 공을 세운 각 자료의 저작자들에게 감사를 전합니다.

이 책은 디파이 입문자를 대상으로 집필했습니다. 디파이를 보다 깊이 경험하고 싶은 독자분들을 위해서는 심화편을 출간했으니, 입문자는 이 책을 먼저 완독한 후 심화편도 이어서 읽어보기를 추천합니다.

이 책이 디파이 세계를 더 빨리 이해하고 활용하는 데 도움이 되기를 바랍니다. 여러분 또한 우리 세상이 디파이를 수용하고 친숙해질 수 있도록 하는 데 동참하길 바랍니다.

**코인게코 연구팀**

2021년 5월 1일

# 중앙집중화 &
# 탈중앙화 금융

# 기존 금융기관

우선 기존 금융기관들이 어떤 방식으로 작동하는지부터 알아보자. 디파이 입문자라면 개념을 정립하는 데 도움이 될 것이다. 기존 금융 시스템에서 가장 익숙한 모습은 은행이다. 은행의 주요 영역을 살펴보고 잠재 위험 요인을 짚어나가보자.

## 1.1 은행

은행은 개인, 기업, 또 다른 금융기관, 심지어 때로는 정부를 대상으로, 지불, 자금 예치deposit, 신용 대출 서비스를 제공하는 금융 산업의 거인이다. 세계 10대 은행의 시가총액은 2조 달러에 육박할 정도로 엄청나다. 하지만 집필 시점인 2021년 4월 기준, 전체 암호화폐 시장의 시가총액 역시 2조 달러를 돌파했다.

은행은 금융 산업이 돌아가는 데 없어서는 안 될 존재다. 가치를 한곳에서 다른 곳으로 이전하는 서비스(예치, 인출, 송금)라든지 신용 한도를 늘리는(대출) 서비스 등을 제공하면서 돈이 전 세계를 돌게 한다. 하지만 은행은 어디까지나 사람 또는 사람이

3

세운 정책에 의해 운영되기 때문에 관리 실책이나 부패 등 인간이 초래하는 위험에 노출되기 마련이다.

| 세계 10대 은행 (2019년) | | | |
|---|---|---|---|
| 순위 | 은행 | 국가 | 시총(10억) |
| 1 | ICBC | 중국 | 338 |
| 2 | 중국건설은행 | 중국 | 287 |
| 3 | 중국농업은행 | 중국 | 243 |
| 4 | 중국은행 | 중국 | 230 |
| 5 | JP 모건 체이스 | US | 209 |
| 6 | 뱅크 오브 아메리카 | US | 189 |
| 7 | 웰스 파고 | US | 168 |
| 8 | 씨티그룹 | US | 158 |
| 9 | HSBC | UK | 147 |
| 10 | 미쓰비시 UFJ | 일본 | 146 |

세계 10대 은행(2019년)  출처 www.thebanker.com

은행은 지나친 위험 감수라는 패착을 두며 2008년 글로벌 금융 위기를 촉발했고 이로 인해 정부는 대대적인 구제 금융을 펼칠 수밖에 없었다. 이 사건을 계기로 기존 금융 시스템의 한계가 드러났으며, 모두가 대책 마련이 필요하다는 생각을 했다.

디파이는 인터넷과 블록체인 기술을 기반으로 은행의 3대 영역에서 현재보다 개선된 금융 환경을 조성하고자 한다. 다음 3대 영역에 관해, 곧이어 하나씩 살펴보겠다.

1. **결제 및 송금 시스템**

2. **접근성**

3. **중앙집중화 및 투명성**

## 결제 및 송금 시스템

혹시 다른 나라에 살고 있는 지인이나 사업체에 송금을 해본 경험이 있다면 그 일이 얼마나 거추장스러운 일인지 느꼈을 것이다. 글로벌 은행을 통한 송금은 영업일 기준 최소 수일이 걸릴 뿐만 아니라 온갖 종류의 수수료도 부담해야 한다. 설상가상으로 어떤 때는 작성한 서류가 문제가 된다든지, 자금세탁방지법 또는 개인정보보호법도 엄격히 준수해야 하는 등 다방면의 이슈가 있을 수 있다.

가령 미국에 사는 사람이 주거래 은행을 통해 오스트레일리아에 사는 친구의 은행 계좌로 1,000달러를 송금할 때 발생하는 거래 수수료는 송금자 은행에서 매기는 환율, 자국에서 타국으로의 송금 수수료, 타국에서 자국으로의 수취 수수료 이렇게 기본 세 가지나 된다. 게다가 수취인이 돈을 받기까지 은행의 지역에 따라 많게는 영업일 기준 수일이 소요된다.

암호화폐는 디파이 운동의 동력으로서, 위에서 설명한 송금 과정에서 막대한 거래 수수료를 취하는 중개자를 거치지 않아도 되는 구조를 조성한다. 그뿐만 아니라 요청 처리 속도도 빠르다. 송금 요청 시 은행에 비해 저렴한 거래 수수료로 아무것도 문제 삼지 않고 일을 처리해준다. 현재 암호화폐를 전 세계 어느 계좌로 송금하더라도 일정 수수료만 지불하면 몇 가지 요인에 따라 적게는 15초, 많아도 5분 정도면 충분하다.

## 접근성

이 책을 읽고 있다면 계좌 발급, 대출 실행, 투자 실행 등 은행의 각종 금융 서비스를 자유롭게 이용 가능한 환경에 있을 가능성이 높다. 하지만 안타깝게도 이 세상에는 간단한 적금 통장 하나조차 만들지 못하고 금융시장으로부터 소외된 사람이 많다.

세계은행의 자료에 따르면 2017년 기준 금융기관에서 발급한 계좌를 소유하고 있지 않은 인구가 전 세계 17억 명에 이르며, 이 가운데 절반 이상이 개발도상국의 국민으로 추정되고 있다. 주로 가난한 가정 배경을 가지고 태어난 이들이 계좌를 가지지 못하는 주된 요인은 빈곤, 지리적 위치, 신용도이다.

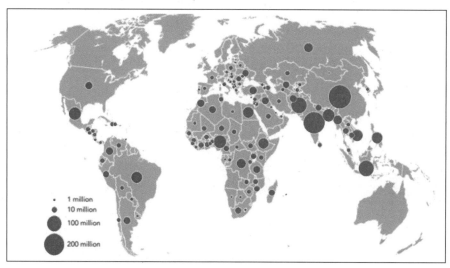

1 million
10 million
100 million
200 million

**은행으로부터 소외된 인구 히트맵(2017년)** 　출처　세계은행 글로벌 핀덱스 데이터베이스

세계은행에 따르면 은행으로부터 소외된 인구 17억 명 중 적어도 3분의 2가 휴대전화를 소유하고 있다고 한다. 그러므로 금융 소외자 입장에서는 인터넷 접속이 가능하다면 금융 서비스를 이용할 때 기존 은행보다 디파이 디앱Dapp이 훨씬 좋은 관문인 셈이다.

디파이는 국경을 초월하여 검열로부터 자유롭고, 접근이 용이한 금융 상품들을 전 세계 모두가 누릴 수 있도록 만들자는 운동이다. 디파이 상품은 누구에게나 차별 없이 공정하다.

## 중앙집중화 및 투명성

은행처럼 정부 법규를 준수하는 기존의 규제 금융기관이야말로 자금을 보관하기에 가장 안전한 곳이라는 점은 부인할 수 없다. 그러나 그들에게도 결함은 있기 마련이다. 거대한 은행도 때로는 파산할 수 있다. 자산이 1,880억 달러가 넘는 워싱턴 뮤추얼Washington Mutual과 6,390억 달러 자산을 가진 리먼 브라더스Lehman Brothers 모두 2008년 대참패를 겪었다. 미국에서만 500개 이상의 은행이 도산했다는 기록이 있을 정도다.

은행은 중앙집중형 금융 시스템의 실패 지점 중 하나다. 리먼 브라더스의 몰락은 2008년 금융 위기를 촉발했다. 은행이 쥐고 있는 권력과 자금의 중앙집중화는 과거의 사건에서 알 수 있듯 매우 위험하다.

투명성도 관련이 있다. 일반 투자자는 금융기관에서 벌이는 일을 속속들이 알 수 없다. 2008년 금융 위기의 발단 중 하나는 신용평가사들이 고위험 모기지 담보부 증권에 AAA 등급(매우 안전한 투자 대상)을 부여했기 때문이다.

디파이는 다르다. 이더리움Ethereum 같은 공개 블록체인public blockchain 위에 구축된 디파이 프로토콜protocol은 감사audit의 용이성과 투명성 보장을 위해 관련 코드가 오픈소스로 대부분 공개되어 있다. 디파이 프로토콜은 보통 탈중앙화 통치 조직의 형태를 가지고 있어 누구든 어디에 무슨 일이 일어나고 있는지 실시간으로 알 수 있고, 어느 나쁜 한 사람이 단독으로 잘못된 결정을 내리지 못하도록 한다.

디파이 프로토콜은 코드로 이루어진다. 코드는 참가자가 누구건 차별 없이 실행되므로 속일 수 없다. 이렇게 작성된 코드는 프로그래밍한 대로 정확히 실행되고 미처 발견 못한 결함이 있더라도 철저한 검토를 위해 외부에 공개해놓은 상태이니 금방 수면 위로 드러난다.

그러나 이 말은 곧 코드를 이해하는 사람만 최종 제품end-product의 실제 기능을 결정할 수 있다는 의미다. 코드 독해가 가능한 사용자는 현실 세계에는 거의 없으며 개발자의 평판, 주변의 입소문, 다른 개발자의 리뷰, 자신이 속한 커뮤니티가 수용하는지 등을 참조하여 의사결정을 내린다. 즉, 디파이 프로토콜은 탈중앙형 P2P 리뷰에 의존한다. 디파이의 최대 강점은 중개인을 없애서 특정 주체의 검열 없이 운영 가능하다는 점이다.

## **1.2** 탈중앙화 금융 vs. 기존 금융

불균형friction, 불편한 접근성, 규제의 불확실성은 현재 은행 시스템을 병들게 하는 주요 이슈이다. 현 금융 시스템의 구조상, 안타깝지만 은행이 제공하는 서비스를 누구나 누릴 수 있는 상황이 아니다. 금융시장에서 소외된 자는 공정한 경쟁조차 펼칠 수 없다.

2021년 1월 발생한 게임스탑GameStop 사태를 예를 들어보자. 대형 헤지펀드가 게임스탑 주식(NY: GME)을 대량 공매도하자 이에 대항하여 다수의 개미 투자자가 게임스탑 주식을 사들여 주가를 오히려 폭등시킨 사례이다. 온라인 주식투자 앱 '로빈후드Robinhood'는 '비정상적인 변동성'이 발생했다며 나서서 게임스탑 주식 거래를 제한했다. 로빈후드의 개입에 대하여 어떤 사람은 그런가 보다 하는 반면, 이면을 볼 줄 아는 사람은 로빈후드의 최대 고객 중 하나가 시타델 증권Citadel LLC이라는 점에 주목한다. 시타델 증권은 헤지펀드 멜빈 캐피탈Melvin Capital에 투자했다가 게임스탑 사태로 인해 수십억 달러의 손실을 봤다. 다시 말해 로빈후드는 시타델 증권의 손실을 줄이기 위해 개입해야만 했다.

디파이 운동은 이러한 격차를 해소하고, 누구나 어떠한 검열도 받지 않고 금융시장에 접근할 수 있게 하고자 한다. 한마디로 디파이는 인종, 종교, 나이, 국적, 지역에 구애받지 않고 다양한 금융 상품을 이용할 수 있는 기회의 창을 여는 셈이다.

기존 금융 상품과 탈중앙화 금융 상품은 각기 장단점이 있을 것이다. 이 책은 탈중앙화 금융의 개념과 그것이 가진 가능성이 무엇인지 설명함으로써 인간이 직면한 세상의 진짜 난제를 해결하는 데 디파이의 훌륭한 기능들이 어떻게 쓰이는지 알리고자 한다.

다음 장에서는 몇 가지 탈중앙화 애플리케이션을 예시로 들며 디파이에 관한 개괄적 소개를 이어갈 것이다. 디파이가 어떤 구조로 돌아가는지 개념을 잡는 데 도움이 될 것이다.

## 1.3 읽을거리

1. 탈중앙화 금융 vs. 전통적 금융: 필수 이해 사항

   https://medium.com/stably-blog/3b57aed7a0c2

2. 글로벌 금융 시스템의 7대 결함

   https://www.visualcapitalist.com/7-major-flaws-global-financial-system

3. 탈중앙화 금융: 글로벌 금융 시스템의 새로운 대안

   https://www.visualcapitalist.com/decentralized-finance

4. 탈중앙화 금융은 어떻게 더 많은 사람이 투자할 수 있도록 돕는가

   https://www.visualcapitalist.com/how-decentralized-finance-could-make-investing-more-accessible

5. 탈중앙화 금융이란

   https://101blockchains.com/decentralized-finance-defi

# 탈중앙화 금융

탈중앙화 금융, 즉 디파이는 중앙집중된 기관에 의존하지 않고도 금융권이 제공하는 서비스, 예를 들어 차입, 대출, 거래 등을 이용할 수 있게 하자는 취지의 운동이다. 이때 서비스는 탈중앙화 애플리케이션, 즉 디앱Dapp을 통해 제공되며, 디앱은 대개 이더리움 플랫폼 위에 구축되어 있다.

이더리움이 어떻게 동작하는지 이해할 수 있으면 디파이 생태계가 머릿속에 더 잘 그려질 것이다. 하지만 디파이 툴을 이용할 때 반드시 이더리움 전문가 수준의 지식을 가질 필요는 없다. 이더리움에 대해서는 다음 장에서 좀 더 알아볼 것이다.

디파이는 하나의 상품이라든지 하나의 기업체가 아니다. 은행, 보험, 채권, 단기 금융시장 등 기존 기관들을 대체하는 상품과 서비스의 집합을 일컫는다. 디파이 디앱은 사용자가 그 안에서 이용 가능한 여러 서비스들을 서로 결합하여 다수의 기회를 창출하도록 돕는다. 디파이는 조합성composability이 뛰어나 '돈을 만드는 레고 블록money LEGO'이라고도 불린다.

디파이 디앱이 작동하려면 보통 스마트 컨트랙트smart contract에 담보물collateral이 예치lock되어 있어야 한다. 디파이 디앱의 총담보량을 보통 총 예치 자산total value locked, TVL이라고 부른다. 이 책 초판에서 강조했듯이 2019년의 TVL은 약 2억 7500만 달러 정도였으나, 2020년 2월의 TVL은 최고 12억 달러를 기록했다. TVL의 엄청난 성장세는 디파이 생태계의 급속 성장을 보여주는 지표이다.

2021년 4월 기준으로 TVL은 이더리움에서만 무려 670억 달러에 달하며, 이는 디파이 시장이 얼마나 발전해왔는지를 증명한다. 이 액수에는 바이낸스Binance, 솔라나Solana 등 다른 블록체인 네트워크는 포함되지도 않았다. 이 세상 존재하는 모든 체인에 대한 TVL은 총 860억 달러에 이르렀다.[1]

## 2.1 디파이 생태계

디파이는 하루가 다르게 성장하고 있기 때문에 이 책 한권으로 디파이가 보여줄 수 있는 모든 것을 설명하는 것은 불가능하다. 따라서 필자들이 생각하기에 디파이 생태계에 첫걸음을 뗀 초보자들이 우선적으로 이해해야 하는 핵심 내용과 실제 출시된 디파이 디앱 몇 가지를 추려 살펴보겠다.

디파이 디앱은 중간자를 없앰으로써 기존의 금융 서비스를 혁신하려 한다. 디파이는 매일같이 급변하는 여러 프로젝트와 함께 원초적인 실험 단계에 있다는 것을 잊지 말자. 시간이 지나 디파이가 발전을 거듭하면 훗날엔 지금과 전혀 다른 모습을 하고 있을 수도 있다. 그럼에도 디파이의 시초를 공부하는 것은 여전히 가치 있는 일이고, 오늘날 디파이 디앱이 제공하는 기능을 노하우로 활용할 수 있을 것이다.

---

1   https://defillama.com

## 2.2 디파이는 얼마나 탈중앙화되어 있는가

디파이가 얼마나 탈중앙화되어 있는지 묻는 질문에 답하기는 쉽지 않다. 탈중앙화 정도에 따라 중앙집중화, 부분 탈중앙화, 완전 탈중앙화 세 가지 범주로 구분하여 살펴보자.

### 1. 중앙집중화

- **특징**: 관리 감독 있음custodial, 중앙집중형 가격 피드price feed 사용, 중앙집중형 금리 결정, 마진 콜margin call[2]에 대한 중앙집중형 유동성 공급
- **예**: 솔트Salt, 블록파이BlockFi, 넥소Nexo, 셀시어스Celsius

### 2. 부분 탈중앙화

다음 특징들 중 하나 이상의 특징을 포함하나 전부 포함하지는 않는다.

- **특징**: 관리 감독 없음, 탈중앙형 가격 피드 사용, 비허가permissionless 마진 콜 생성, 비허가 마진 유동성, 탈중앙화 금리 결정, 탈중앙화 플랫폼 개발 및 업데이트
- **예**: 컴파운드Compound, 메이커다오MakerDAO, 디와이디엑스dYdX, 비지엑스bZx

### 3. 완전 탈중앙화

- **특징**: 모든 구성 요소가 탈중앙화되어 있다.
- **예**: 아직까지 완전한 탈중앙화 디파이 프로토콜은 존재하지 않는다.

현존하는 디파이 디앱들은 대개 부분 탈중앙화 범주에 속한다. 탈중앙화 구성 요소에 관한 전반적인 내용은 이번 장 읽을거리의 7번 기사(https://bit.ly/3mhW9hQ)에서 확인할 수 있다. 기사를 읽어봤다면 탈중앙화가 무엇을 뜻하는지 더 잘 이해할 수 있을 것이다. 다음으로 디파이의 주요 범주에 관하여 알아보자.

---

2  [옮긴이] 계약 가격 변화에 따라 부족해진 증거금을 추가 납부하도록 요구하는 일

## `2.3` 디파이의 주요 범주

이 책에서 이후 살펴볼 디파이를 구성하는 주요 9가지 개념은 다음과 같다. 거버넌스 governance는 엄밀히 얘기하면 디파이의 범주는 아니지만 프로토콜이 어떻게 스스로 통치하는가에 대해서 논의하는 것 역시 중요하다고 판단해 독립된 항목으로 포함했다. 이어서 하나씩 살펴보겠다.

1. 스테이블코인
2. 대출
3. 거래소
4. 파생상품
5. 펀드 운용
6. 복권
7. 지불
8. 보험
9. 거버넌스

### 스테이블코인

사람들은 암호화폐 가격 변동성이 매우 크다고 인식한다. 암호화폐 가격은 하루 사이에 10% 올랐다 내렸다 하는 일이 다반사이기 때문이다. 그래서 사람들은 이런 가격 변동성을 보완하기 위해 미화USD 등 안전 자산의 가격에 고정된pegged(페깅된) 코인을 만들기 시작했다.

테더Tether, USDT는 최초의 중앙집중화 스테이블코인stablecoin 중 하나이다. 모든 테더는 테더 발행 재단의 은행 예치금으로 같은 양의 미국 달러 가치만큼 담보된다고 한다. 하지만 가장 큰 문제는 예치금이 담보를 보장할 만큼 넉넉한지, 실제 존재는 하는지 확인할 길 없이 일방적으로 신뢰해야 한다는 점이다.

탈중앙화 스테이블코인은 바로 그 신뢰 문제를 해결하려 한다. 탈중앙화 스테이블 코인은 초과담보over-collateralization 제공을 통한 탈중앙화 방식으로 생성되었고, 탈중앙화 원장(또는 분산 원장)에서 온전히 작동하며, 탈중앙화 자율조직decentralized autonomous organization, DAO의 관리하에 있으면서도 예치금을 누구나 공개적으로 감사할 수 있다.

스테이블코인 그 자체가 금융 애플리케이션은 아닐지라도, 누구나 안정적인 가치 저장 수단을 가지고 디파이 애플리케이션에 더 쉽게 접근할 수 있다는 점에서 중요한 역할을 한다.

## 대출

기존 금융 시스템은 은행 계좌를 발급한 자에 한하여 서비스를 이용하도록 했다. 그 결과 17억 명이 아직까지도 금융 서비스를 누리지 못한다. 은행에서 돈을 빌리려면 대출금을 상환할 수 있을 정도로 신용도가 좋고 담보물도 충분하다는 것을 증명해야 하는 등 많은 제약이 따른다.

탈중앙화 대출은 기존의 장벽을 허물고 누구나 디지털 자산을 담보를 활용해 대출을 받을 수 있게 한다. 또한 대출 자금lending pool 조성에 기여함으로써 대출 시장에 참여하고 예치한 자금에 대한 이자 수익을 얻을 수도 있다. 탈중앙화 대출 안에서 은행 계좌나 신용도 조회는 필요 없다.

## 거래소

암호화폐끼리 교환하고 싶을 때는 코인베이스Coinbase 또는 바이낸스 같은 암호화폐 거래소cryptocurrency exchange를 이용하곤 한다. 이들은 중앙집중화 거래소이다. 거래되는 자산에 대하여 중개인이자 관리인custodian 역할을 한다는 의미이다. 중앙집중화 거래소의 이용자들은 자신의 자산에 대한 완전한 통제권을 갖지 못한다. 이 때문에 거래소가 해킹을 당하거나 채무를 갚지 못할 경우 그들의 자산은 위험에 처하게 된다.

탈중앙화 거래소는 이 문제를 해결하기 위해 사용자가 코인 자산에 대한 관리 권한을 가진 채 암호화폐를 교환할 수 있도록 했다. 사용자는 중앙집중화 거래소에 자금을 저장해두지 않기 때문에 거래소의 지불 능력을 신뢰해야 할 필요가 없어진다.

## 파생상품

파생상품derivative은 주식, 상품, 통화, 지수index(인덱스), 채권 또는 금리 등을 기초 자산으로 하여 기초 자산의 가치 변동에 따라 가치가 결정되는 계약이다.

거래자는 특정 거래에서 자신의 포지션을 헤지hedge(위험 회피)하고 위험을 줄이는 데 파생상품을 이용할 수 있다. 가령 여러분이 고무장갑 제조업체 사장이고 훗날 급작스런 고무 가격 인상에 대한 위험을 헤지하고 싶다고 가정해보자. 그럴 때는 고무 납품업체로부터 선물 계약futures contract을 매수하면 된다. 일정량의 고무를 지금 시점에 합의한 가격으로 미래 시점에 배송해달라는 내용이 될 것이다.

파생상품 계약은 주로 중앙집중화 플랫폼에서 거래된다. 디파이 플랫폼 역시 탈중앙화 파생상품 시장을 구축하기 시작했다. 이에 관해서 제8장에서 자세히 살펴볼 것이다.

## 펀드 운용

펀드 운용fund management은 자산을 관찰하고 현금 흐름을 관리하여 투자 수익을 창출하는 프로세스이다. 펀드 운용에는 크게 액티브active(적극적), 패시브passive(소극적) 두 가지 형태가 있다. 액티브 펀드 운용의 경우 S&P 500 지수 같은 특정 벤치마크를 뛰어넘는 수익률을 낼 수 있도록 투자 결정을 내릴 운용 담당팀이 꾸려지곤 한다. 패시브 펀드 운용은 담당 직원 없이 특정 벤치마크의 성과를 최대한 모방하도록 시스템을 설계한다.

일부 프로젝트는 탈중앙화 형식의 패시브 펀드를 운용하기 시작했다. 디파이가 가진 투명성 덕에 사용자는 펀드가 어떻게 관리되고 있는지 쉽게 추적하여 본인이 부담해야 하는 비용 내역에 대해서도 잘 이해할 수 있다.

## 복권

디파이가 진화할수록 세간을 뒤흔드는 창의적인 금융 애플리케이션이 발명되어 누구나 쉽게 금융에 접근할 수 있게 할 것이고 기존의 중개자는 설 자리를 잃을 것이다. 복권에 디파이가 가미되면 공동 출자 자본pooled capital을 관리해왔던 주체는 이더리움 블록체인상의 스마트 컨트랙트smart contract에서 사라진다.

디파이의 모듈성을 활용하면 복권 디앱 하나를 또 다른 디파이 디앱에 연결하여 더 큰 가치를 창출할 수도 있다. 이 책에서 다룰 디파이 디앱에서는 참여자들이 함께 자본을 모을 수 있도록 지원한다. 이 모인 돈money pool은 디파이 대출 디앱에 투자되며 그로부터 발생한 이자 수익은 일정 주기로 무작위로 뽑힌 당첨자에게 상금으로 돌아간다. 당첨자가 선정된 후, 모든 참여자들은 복권 구입 금액 일체를 환불받아 그 누구에게도 손실이 발생하지 않는다.


## 지불

두 당사자 간에 탈중앙화 및 무신뢰trustless 환경에서 가치 이전이 가능하도록 돕는 것이야말로 암호화폐의 핵심 역할이다. 디파이의 성장과 더불어 이전보다 창의적인 지불 방식들이 발명되어 시험 과정을 거치고 있다.

이 책에서 살펴볼 디파이 프로젝트를 통해 우리는 지불 개념을 거래transaction가 아닌 흐름stream으로 바꿔 생각하게 될 것이다. 지불을 시간의 흐름에 따라 제공하면 돈에 관한 잠재적 애플리케이션의 장이 활짝 열린다. 훨씬 정확하고 치밀한 시스템으로 '사용하는 만큼만 지불'할 수 있는 상황을 상상해보자.

디파이가 생겨나고 혁신하면서, 기존 금융 시스템의 단점을 극복하기 위해 지불 시스템이 어떤 길로 나아가야 하는지에 대해 다양하고 창의적인 관점을 제시할 수 있으리라 믿는다.

## 보험

보험은 개인이 불행한 사고를 당했을 때 발생한 손실에 대해 보험회사로부터 금전을 보호받거나 변제받기 위한 위험 관리 전략이다. 사람들은 흔히 자동차, 주택, 건강, 생명보험에 가입하곤 한다. 그런데 디파이에 대한 탈중앙화 보험도 있을까?

스마트 컨트랙트 안에 예치된 토큰token은 스마트 컨트랙트가 해킹 공격을 받아 거금이 지불되는 상황을 낳을 수 있다. 프로젝트는 대부분 소스코드 감사를 받지만 스마트 컨트랙트가 실제로 안전한지, 해킹으로 손실이 발생할 가능성은 없는지 장담할 수 없다. 특히 디파이에서 취급하는 자금의 규모가 거대할수록 보험 가입의 필요성은 고조된다. 이 책을 통해 몇 가지 탈중앙화 보험에 대하여 살펴볼 것이다.

## 거버넌스

암호화 세계에서 비즈니스를 관리하는 방법을 다른 말로 거버넌스governance라고 표현한다. 디파이 프로토콜이 프로젝트를 관리할 때, 주로 거버넌스 토큰을 발행해 사용자에게 투표권을 주고 향후 프로토콜이 그리는 로드맵에 대하여 발언할 기회를 부여하곤 한다. 자연스럽게 실효성 있는 거버넌스를 촉진하고 기존 시스템을 보완할 수 있도록 다양한 개발 도구toolkit와 디앱이 개발되고 있다.

## 2.4 읽을거리

1. **탈중앙화 금융 설명**
   https://yos.io/2019/12/08/decentralized-finance-explained

2. **디파이 입문자 가이드**
   https://nakamoto.com/beginners-guide-to-defi

3. **탈중앙화 금융 입문자 가이드**
   https://blog.coinbase.com/574c68ff43c4

4. 탈중앙화 금융에 대한 입문자 가이드 끝내기

   https://academy.binance.com/en/articles/the-complete-beginners-guide-to-decentralized-finance-defi

5. 2019년은 디파이의 해였다(2020년도 마찬가지인 이유)

   https://consensys.net/blog/news/2019-was-the-year-of-defi-and-why-2020-will-be-too

6. 디파이를 정의하다(1부)

   https://medium.com/coinmonks/f7d7e7afee16

7. 디파이는 얼마나 탈중앙화되어 있는가? 대출 프로토콜 분류 프레임워크

   https://hackernoon.com/how-decentralized-is-defi-a-framework-for-classifying-lending-protocols-90981f2c007f

8. '탈중앙화 금융'은 얼마나 탈중앙화되어 있는가

   https://medium.com/coinmonks/89aea3070e8f

9. 탈중앙화 금융 지도 작성하기

   https://outlierventures.io/wp-content/uploads/2019/06/Mapping-Decentralised-Finance-DeFi-report.pdf

10. 시장 보고서: 2019년 디파이 시장 리뷰

    https://defirate.com/market-report-2019

11. DeFi #3 – 2020년: 국경 없는 디파이

    https://research.binance.com/en/analysis/2020-borderless-state-of-defi

12. 톰 슈밋과 함께하는 탈중앙화 금융(일간 소프트웨어 엔지니어링)

    https://softwareengineeringdaily.com/2020/02/25/decentralized-finance-with-tom-schmidt

PART II

# 디파이 시작하기

# 탈중앙화 레이어: 이더리움

## 3.1 이더리움

1장에서 설명했듯이 대다수의 디파이 디앱은 현재 이더리움 블록체인 위에 구축되어 있다. 여기서 이더리움이란 정확히 무엇을 말할까? 이더리움이란 탈중앙화 애플리케이션들을 위한 글로벌 오픈소스 플랫폼이다. 항상 전원이 켜져 있는 세계 컴퓨터world computer라고 생각해도 좋다. 소프트웨어 개발자들은 일정 조건 안에서 디지털 자산을 관리하며 전 세계 어디서나 접속 가능한 스마트 컨트랙트를 이더리움 위에서 작성할 수 있다.

이 책에서는 특히 금융 서비스를 제공하는 탈중앙화 애플리케이션, 즉 디파이에 대해 배워나갈 것이다. 소프트웨어 프로그래머들이 작성한 스마트 컨트랙트가 바로 이 디앱의 초석 역할을 한다. 작성된 스마트 컨트랙트는 이더리움 네트워크에 배포되어 하루 24시간 내내 실행된다. 이 네트워크는 디지털 가치를 유지하며 늘 최신 상태를 기록한다.

## 3.2 스마트 컨트랙트

스마트 컨트랙트는 신뢰를 보증하는 제3자 없이 계약의 양 당사자가 합의한 조건하에 실행되도록 프로그래밍된 계약이다.

예를 들어 앨리스가 신탁자금을 준비하여 향후 12개월간 매월 초 로버트에게 100달러를 지불하고자 한다면, 앨리스는 다음과 같은 조건의 스마트 컨트랙트를 프로그래밍하면 된다.

1. **오늘 날짜를 확인한다.**
2. **매월 1일자에 로버트에게 자동으로 100달러를 송금한다.**
3. **스마트 컨트랙트 속 잔고가 0달러가 될 때까지 이 행위를 반복한다.**

스마트 컨트랙트를 사용한 앨리스는 신뢰를 대신 보증해주는 제3의 기관(변호사, 에스크로 담당자 등)을 거치지 않고도 로버트에게 신탁자금을 송금했고, 이 과정은 계약의 쌍방에게 모두 투명하게 공개되었다.

스마트 컨트랙트는 'A이면, B이다'라는 원칙하에 작동한다. 정해진 조건이 충족하면 스마트 컨트랙트는 프로그래밍이 작성된 대로 일을 수행한다.

더 복잡한 과정과 연산을 수행하기 위해 다수의 스마트 컨트랙트가 얽히고설켜 작동하는 것이 탈중앙화 애플리케이션이라고 알려진 디앱의 개념이다.

## 3.3 이더

이더Ether, ETH는 이더리움 블록체인 고유의 기본 통화native currency이다.

이더 또한 비트코인과 비슷하게 일상생활에서 거래할 때 돈처럼 사용할 수 있다. 사용 시점 기준의 시장 가치만큼 재화와 서비스를 구매하는 데 쓸 수 있으며 다른 사람에게 송금도 가능하다. 이더리움 블록체인은 발생한 이체 내역을 기록하고 최후 정산을 담당한다.

이 밖에도 스마트 컨트랙트와 디앱을 이더리움 네트워크에서 실행하는 데 드는 수수료의 지불 수단으로도 이더가 쓰인다. 스마트 컨트랙트를 이더리움 네트워크에서 실행하는 일은 마치 자동차를 운전하는 일과 비슷하다. 자동차를 움직이려면 휘발유가 필요하다. 스마트 컨트랙트를 이더리움에서 구동하려면 가스gas라고 부르는 거래 수수료를 이더로 지불해야 한다.

이더는 서서히 고유의 보유 통화reserve currency(준비 통화) 및 가치 저장의 수단으로 진화하고 있다. 현재 이더는 디파이 생태계에서 많은 디파이 디앱의 담보물로서 선호되는 자산이다. 디파이 금융 시스템에 안전성과 투명성을 가져다주기 때문이다. 이 부분이 아직 이해가 안 되더라도 괜찮다. 책의 나머지 부분에서 좀 더 자세하게 설명해나갈 것이다.

## **3.4** 가스

이더리움상에서 트랜잭션이나 스마트 컨트랙트를 실행하려면 일정량의 수수료를 지불해야만 한다. 이 수수료를 가스 또는 가스비라고 부른다. 기술적으로는 어떤 작업이나 스마트 컨트랙트를 실행하는 데 필요한 연산량을 측정한 단위를 가스라고 할 수 있다. 실행 작업이 복잡할수록 그 연산을 수행하기 위한 가스비도 증가한다. 가스비는 오로지 이더로만 지불 가능하다.

가스의 가격은 네트워크 수요에 따라 시시각각 변동한다. 네트워크의 연산 자원은 한정되어 있기 때문에 이더리움 블록체인에서 이더로 거래를 하거나 스마트 컨트랙트 작업을 실행하는 등의 상호작용을 하는 사람이 많을수록 가스 가격이 비싸진다. 반대로 네트워크 사용량이 적어지면 가스의 시장가도 저렴해진다.

가스비는 사용자가 수동으로 정할 수도 있다. 그래서 네트워크 사용량이 과다하여 혼잡할 경우에는 가장 높은 가스비를 제시한 트랜잭션이 최우선적으로 유효성을 검사받게 되어 있다. 유효성이 입증된 트랜잭션은 정산을 마치고 블록체인에 추가된다. 제시한 가스비가 너무 낮을 경우 해당 트랜잭션은 대기 리스트에 올려져 작업이 끝나기까지 일정 시간이 걸릴 수 있다. 따라서 평균 이하의 가스비를 지불하려고 하는 경우 작업 완료까지 상당한 시간이 소요될 수 있다.

---

**가스비 계산 예시**

가스 가격은 **gwei**[1]로 표시한다.

- 1 gwei = 0.000000001 ETH ($10^{-9}$ ETH)

한 스마트 컨트랙트가 토큰을 이체하는 데 21,000 gas가 필요하고, 현재 시장의 평균 가스 가격은 3 gwei라고 가정하자.

- 21,000 gas × 3 gwei = 63,000 gwei = 0.000063 ETH

즉 트랜잭션을 실행하고 네트워크에서 유효성을 입증받기 위해서는 0.000063 ETH를 지불해야 한다.

---

## 3.5  탈중앙화 애플리케이션(디앱)

이더리움 환경에서 디앱이란 스마트 컨트랙트를 사용하면서 블록체인과 상호작용하는 인터페이스를 말한다. 겉으로는 그저 일반 웹이나 모바일 애플리케이션과 별반 다르지 않아 보이지만 디앱은 블록체인과 상호작용하며 그 작동법 또한 다르다. 디앱을 사용할 때는 이더를 사용해야 하며, 사용자 데이터를 블록체인 위에 저장하여 불변성immutability을 가지도록 한다.

## 3.6  디앱의 이점

디앱은 이더리움 같은 탈중앙화 블록체인 네트워크 위에 구축되어 있으며 다음과 같은 여러 효익이 있다.

---

1  [옮긴이] giga wei의 줄임말이다. 즉 1 wei = 10^(-9) gwei다. 흔히 '그웨이'라고 읽는다.

- **불변성**: 블록체인에 한번 올라가면 어느 누구도 정보에 손을 댈 수 없다.
- **조작 불가능**: 블록체인에 참여자 전원에게 알리지 않고서는 블록체인에 게시된 스마트 컨트랙트를 조작할 수 없다.
- **투명성**: 스마트 컨트랙트로 구동하는 디앱은 감사를 공개적으로 받는다.
- **가용성**: 이더리움 네트워크가 활성화 상태인 한, 디앱도 언제나 활성화 상태로 사용 가능하다.

## 3.7 디앱의 단점

블록체인이 많은 효익을 가져다주는 것은 분명하나 그에 따르는 단점들도 있다.

- **불변성**: 스마트 컨트랙트는 인간이 작성한 것이기 때문에 그 사람의 실력만큼만 기능을 한다. 휴먼 에러는 피할 수 없기 때문에 한번 만들어진 불변성의 스마트 컨트랙트는 오류를 훨씬 배가할 수도 있다.
- **투명성**: 감사를 공개적으로 받는 환경은 해커들의 먹잇감이 될 수 있다. 해커들도 훤히 코드를 볼 수 있으니 악용할 소지가 있다.
- **확장성**: 일반적으로 디앱의 대역폭bandwidth는 해당 디앱이 속한 블록체인의 대역폭에서 자유롭지 못하다.

## 3.8 이더리움의 또 다른 활용처

이더리움은 디앱을 만들 때 말고도 두 군데 더 활용될 수 있다. 하나는 탈중앙화 자율조직decentralized autonomous organization, DAO의 설립이고, 두 번째는 다른 암호화폐의 발행이다.

DAO는 한 사람의 지배 구조 아래 있지 않고 코드 기반으로 관리되는 완전 자율화된 조직이다. 이때 코드는 스마트 컨트랙트를 기반으로 하며 DAO가 기존의 조직들이 운영되던 방식을 대체하도록 한다. DAO는 코드로 실행되기 때문에 인간이 개입할 여지가 없으며, 투명하게 운영 가능하고, 외부 요소의 영향을 전혀 받지 않는다. 거버넌스 의사결정 또는 판결 등은 DAO 토큰 투표를 통해 이루어진다.

토큰 얘기가 나왔으니 첨언하겠다. 이더리움은 다른 암호화폐를 주조하는 플랫폼으로도 활용할 수 있다. 현재 이더리움 네트워크에서 유명한 두 가지 토큰 프로토콜은 ERC-20와 ERC-721이다. ERC-20과 ERC-721은 모두 이더리움에서 토큰을 발행하기 위한 규칙과 표준을 정의하는 프로토콜 표준이다.

ERC-20 토큰은 대체 가능fungible하다. 즉 어떤 토큰이든 같은 가치를 지니며 상호 교환 가능하다는 뜻이다. 그에 비해서 ERC-721 토큰은 대체 불가능non-fungible하다. 각 토큰이 고유한 가치를 지니며 서로 대등하게 교환할 수 없다. 쉽게 비유하자면 ERC-20는 돈이고, ERC-721은 피규어나 야구 카드 등 사람들이 수집하기 좋아하는 물건이다.

## 3.9 이더리움의 미래

이더리움은 디파이 성장의 중심축으로 자리 잡으면서 그 인기가 날로 높아지고 있다. 퍼스트 무버의 이점을 손에 쥔 덕에 사용자와 트랜잭션의 수는 매일 증가하고 있다. 많은 사람은 이 사실을 근거로 디파이가 성공했다고 하지만, 실상 수요의 급증은 네트워크에 큰 부담을 주고 있다.

치솟는 가스비는 중요한 문제 중 하나다. 피크 시간대의 사용자들은 터무니없이 비싼 수수료를 내고 있다. 가스비가 지나치게 높아지자 우수한 네트워크 효율성을 자랑하는 폴카닷Polkadot 같은 경쟁 블록체인이 빠르게 개발되고 있다(대체 블록체인에 대해서는 심화편에서 상세히 설명한다).

이더리움 커뮤니티는 이더리움 네트워크의 성공 가도를 유지하기 위해 이더리움 2.0(ETH 2.0)으로의 업그레이드를 도입할 계획이다. 이더리움 2.0에는 3개년 사업을 거쳐 '샤딩sharding' 기법이 활용된다. 업데이트가 완료되면 네트워크의 확장성이 향상되어 가스비 문제가 해결될 것이다.

자, 이더리움에 관해서는 여기까지 설명하겠다. 인생에서 처음으로 암호화폐를 갖게 되는 순간, 또는 첫 디앱을 사용하는 날을 고대하는 여러분을 위해 다음 장에서 몇 가지 흥미로운 디파이 프로토콜을 소개하겠다. 각 프로토콜의 개념과 단계별 사용 가이드를 제공할 테니 기대해도 좋다. 단, 여정을 떠나기 전에 당신에게 꼭 필요한 것이 있다. 바로 이더리움 지갑이다.

## 3.10 읽을거리

1. 이더리움이란? 최신 업데이트된 단계별 가이드
   https://blockgeeks.com/guides/ethereum

2. 스마트 컨트랙트: 변호사를 대체할 블록체인 기술
   https://blockgeeks.com/guides/smart-contracts

3. 이더리움 가스란? 가장 종합적인 단계별 가이드
   https://blockgeeks.com/guides/ethereum-gas/

4. ETH를 둘러싼 수조 달러 사건
   https://newsletter.banklesshq.com/p/the-trillion-dollar-case-for-eth-eb6

5. 이더리움: 디지털 금융 스택
   https://medium.com/pov-crypto/4ba988c6c14b

6. 이더: 새로운 돈 모델
   https://medium.com/pov-crypto/17365b5535ba

7. 이더 2의 비전
   https://ethereum.org/en/eth2/vision

# 이더리움 지갑

지갑wallet(월릿)은 블록체인 네트워크로 통하는 사용자 친화적인 인터페이스이다. 지갑은 여러분의 개인키private key를 관리하는데, 개인키란 간단히 말해서 소유한 암호화폐의 금고를 잠그는 데 사용하는 키이다. 지갑을 통해서 암호화폐를 전송받고, 저장하고, 또 다른 사람에게 이체할 수 있다.

## 4.1 수탁 지갑 vs. 개인 지갑

지갑에는 수탁 지갑custodial wallet과 개인 지갑non-custodial wallet 두 종류가 존재한다. 수탁 지갑은 제3자가 사용자의 암호화폐를 대신해서 관리해주는 지갑이다. 개인 지갑은 스스로 암호화폐의 소유권을 가지고 모든 것을 관리해야 하는 지갑이다. 개인 지갑의 취지는 블록체인 업계에서 많은 사람이 '자기 자신이 스스로 은행이 되라'고 주장하는 모토와 유사하다.

수탁 지갑을 사용하게 되면 제3자가 나 대신 코인을 안전하게 지켜줄 수 있다고 신뢰해야 한다. 이 경우 계정 자격 증명 보안 관리만 잘 하면 개인키를 관리해야 하는 부담에서 해방되기 때문에 편할 수는 있다. 마치 이메일 계정을 관리하듯 말이다. 하지만 암호화폐를 제3자인 관리인에게 맡기는 순간, 관리인에게 발생할 수 있는 관리실책 또는 해킹의 위험에 노출된다. 현재까지도 수탁 지갑에서 분실 사고가 끊이지않는 가운데, 2014년 마운트곡스Mt.Gox가 자그마치 85만 비트코인(당시 시세로 약 4억 5천만 달러)이 넘는 피해를 본 사례가 대표적이다.

개인 지갑을 사용하는 경우 암호화폐를 안전하게 관리해야 하는 사람은 어느 누구도 아닌 본인이다. 하지만 이로써 보안에 관한 의무를 전적으로 스스로 지게 되므로 개인키를 절대적으로 안전하게 보관해야만 한다. 혹시라도 개인키를 잃어버리는 날에는 암호화폐를 일체 못 찾게 된다.

코인게코는 '내가 키를 쥔 코인만 온전히 나의 것이다'라고 믿는다. 보안을 사수할 방법을 최대한 익혀서 그 누구도 신뢰하지 말고 본인 스스로 코인을 안전하게 지키라고 권고한다.

## 4.2 아젠트와 메타마스크

현재 시중에는 꽤 다양한 암호화폐 지갑이 있다. 이 책에서는 이더리움 네트워크와 쉽게 친숙해질 수 있는 두 가지의 디파이 친화적인 지갑, 아젠트와 메타마스크를 소개한다.

### 모바일 이용자를 위한 아젠트

모바일 이용자라면 아젠트Argent 지갑을 사용해보자. 아젠트는 사용 편의성과 수준높은 보안성의 두 마리 토끼를 다 잡은 개인 지갑이다. 아젠트는 사용자의 신원을 검증해줄 수 있는 아젠트 가디언Argent Guardian(사람/기기/제3자 서비스 등 여러 형태가 있다)을 통해 이 두 가지를 모두 갖추었다.

아젠트 가디언의 예를 들자면 아젠트를 사용하는 주변 가족 구성원이나 친구들, 다른 하드웨어 또는 메타마스크Metamask 지갑, 이중인증 서비스 등이 있다. 아젠트는 제한된 신뢰 네트워크를 활용하여, 계정 복구 시 종이에 적어둔 백업 시드 문구seed phrase가 불요하다는 사실을 일깨운다.

아젠트 가디언은 사용자 지갑이 외부 공격을 당했다고 생각될 경우 즉시 지갑을 잠그고 모든 자금을 동결한다. 잠겼던 지갑은 5일이 지나면 자동적으로 풀리고 사용자가 그보다 좀 더 일찍 잠금을 해제하고자 하면 아젠트 가디언에 요청을 할 수도 있다.

아울러 트랜잭션 한도 설정처럼 지갑의 보안을 높일 추가적인 보안 조치들을 취할 수도 있다. 이로써 해커들이 설사 지갑에 접근하게 되더라도 지갑에서 한꺼번에 많은 자금을 빼돌리는 일을 막을 수 있다. 일일 트랜잭션 한계치에 도달할 경우 사용자에게 알림이 뜨고, 한도를 초과한 트랜잭션은 24시간 이상 지연 실행된다. 물론 본인 필요에 의한 거액의 트랜잭션 건에 대해서는 아젠트 가디언의 도움을 받아 승인을 처리할 수 있다.

아젠트를 이용하여 네트워크에서 지갑을 만들기 위해서는 이더리움 수수료를 지불해야 한다(지갑 생성 시 최초 1회). 앱을 통한 트랜잭션에 대해서도 매 건마다 네트워크 수수료가 청구된다(아젠트는 네트워크 수수료에서 이익을 취하지 않는다). 아젠트 지갑만 있으면 또 다른 앱이나 기기를 사용할 필요 없이 손쉽게 디파이 디앱에 직접적으로 상호작용할 수 있다.


## 아젠트 단계별 사용 가이드

### 1단계

- 아젠트 사이트(https://www.argent.xyz)에 접속한다.[1]
- 모바일 폰에 앱을 다운로드한다.

---

1   [옮긴이] 디파이는 특히 변화가 빠른 분야이므로, 책에 실린 서비스들의 화면, 메뉴, 기능 등은 출간 후 달라질 수 있다. 책과 순서가 다소 다르더라도 큰 흐름은 동일하다.

## 2단계

- 앱을 설치한 후 실행하고, Create new wallet(새 지갑 만들기)을 선택한다.
- 본인의 아젠트 지갑에 사용할 고유한 이더리움 이름을 입력한다.

## 3단계

- 본인 인증을 위해 아젠트에 이메일 주소를 입력한다.
- 본인의 메일함에서 해당 이메일을 읽고 인증을 완료한다.

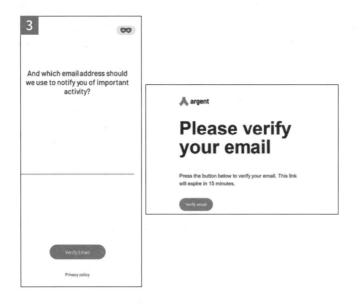

## 4단계

- 그다음에는 보안을 위해 전화번호를 입력한다.
- 문자로 오는 보안 코드를 입력하고, 추가적으로 앱을 사용할 비밀번호도 설정한다.
- 그다음 화면에서는 지갑의 암호화된 키를 구글 드라이브에 백업할 수도 있는데 건너뛰어도 무방하다.

## 5단계

- 지갑 사용이 가능하게 되면 사용자 이메일로 안내 메일이 전송된다.

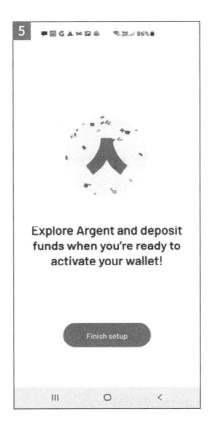

## 6단계

- 이제 암호화폐를 예치하거나 다른 사람들에게 이체할 수 있다. 보안성을 높이기 위해 더 많은 아젠트 가디언을 추가할지 고려해보자.

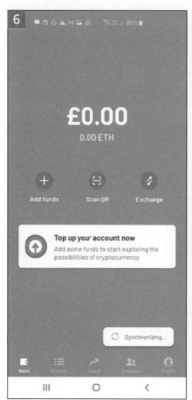

## 데스크톱 이용자를 위한 메타마스크

데스크톱 이용자라면 크롬, 파이어폭스, 오페라, 브레이브 등 웹 브라우저의 확장 프로그램인 메타마스크를 사용해보자. 아젠트와 마찬가지로 메타마스크도 개인 지갑이며 지갑인 동시에 이더리움 네트워크를 위한 상호작용의 가교 역할을 한다. 메타마스크는 모바일 사용자를 위한 앱도 있다. 그러나 메타마스크 앱은 디앱 중 모바일 기기에 최적화되지 않은 서비스들과의 상호작용은 어려울 수도 있다.

사용자는 본인의 이더리움과 ERC-20 토큰을 메타마스크에 저장할 수 있다. 메타마스크는 통합의 가교로서 이더리움 네크워크상에 호스팅되어 있는 모든 탈중앙화 애플리케이션(디앱)을 사용할 수 있다.

상호작용을 돕는 메타마스크가 없다면 400 GB 이상 되는 이더리움 블록체인을 전부 사용자의 컴퓨터에 다운로드해 모든 이더리움 노드를 실행하지 않고서는 사용자의 브라우저가 이더리움 블록체인에 접근할 길이 없다. 기술적으로 설명하자면, 메타마스크는 핵심 이더리움 개발자들이 작성한 자바스크립트 라이브러리(web3.js)를 사용자의 브라우저 페이지에 삽입하여 이더리움 네트워크와 쉽게 상호작용하도록 한다.

메타마스크는 노트북이나 데스크톱으로 이더리움 네트워크상의 디파이 디앱들과 편하게 상호작용할 수 있게 한다. 네트워크에서 실행하는 각 상호작용 및 트랜잭션에 사용자가 서명하는 구조이기 때문에 일정 수준의 보안이 유지된다.

그러나 메타마스크의 안전성과 보안성을 위한 주의 조치는 반드시 취해야 한다. 패스워드 혹은 시드 문구(지갑 회원 가입할 때 주어지는 비밀 문구seed key)가 유출될 경우 계좌에 대한 지배권은 완전히 타인에게 넘어가게 된다.

대부분의 디파이 디앱은 메타마스크를 이용해 접속할 수 있다. 이후 만나게 될 여러 디앱의 단계별 사용 가이드 역시 메타마스크를 이용한다.

## 메타마스크 단계별 사용 가이드

### 1단계
- 메타마스크 사이트(https://metamask.io)에 접속한다.
- 사용하는 브라우저용 확장 프로그램을 다운로드한다.

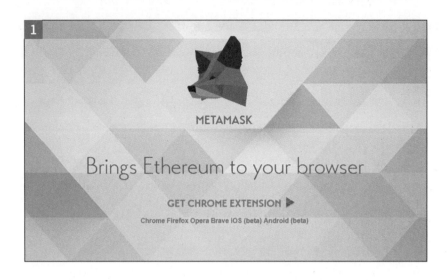

## 2단계

- 확장 프로그램을 다운로드 및 설치한 뒤, Get Started(시작하기)를 클릭한다.[2]

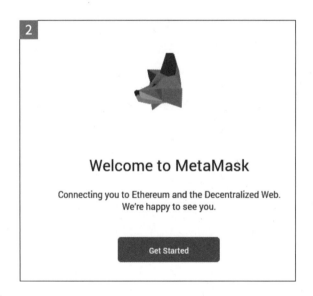

---

2  [옮긴이] 번역 시점에서 메타마스크 확장 프로그램은 한국어를 지원한다.

## 3단계

• Create a Wallet(지갑 생성)을 누른 후, Next(다음)을 클릭한다.

## 4단계

• 패스워드를 생성한다.

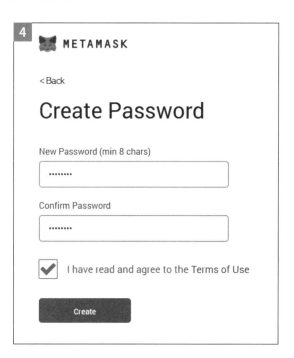

## 5단계 (필독! 매우 중요!)

- 비밀 문구 백업을 받게 된다.

- 절대 잃어버리지 말자.

- 절대 남에게 노출하지 말자.

- 문구를 잃어버리면 복구가 불가능하다.

- 문구가 다른 사람에게 유출될 경우 타인이 사용자의 지갑에 접속하여 뭐든 마음대로 할 수 있다.

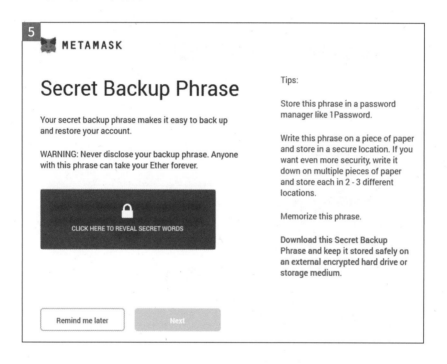

## 6단계

- 받은 비밀 문구 백업을 별도로 메모했는지 확인하는 창이 나온다.

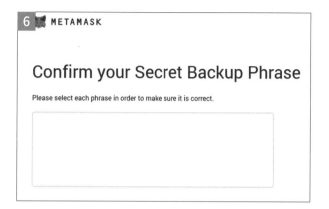

## 7단계

- 축하한다! 이제 지갑이 만들어졌다. 이더 또는 ERC-20 토큰을 저장하는 용도로 사용할 수 있다.

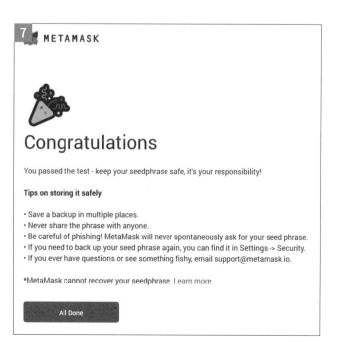

## 8단계

- 아래를 보면 공개키public key, 즉 지갑의 이더리움 주소가 있다.

- 다른 사람으로부터 송금받고 싶을 때는 이 QR 코드를 스캔해서 주면 된다.

## 4.3  읽을거리

1. **아젠트: 빠른 시작 가이드**

   https://medium.com/argenthq/13541ce2b1fb

2. **크립토 보안의 새로운 시대**

   https://medium.com/argenthq/57909a095ae3

3. **메타마스크 입문자 사용 가이드**

   https://www.coingecko.com/buzz/complete-beginners-guide-to-metamask

4. **마이크립토**MyCrypto**의 보안 가이드 천재반**

   https://medium.com/mycrypto/ab178299c82e

# 디파이 파고들기

# 탈중앙화 스테이블코인

암호화폐의 가격은 매우 급격하게 변동한다. 이 가격 변동성을 보완하기 위해 미국 달러와 같은 안정 자산에 가치를 고정한pegged 스테이블코인이 탄생했다. 스테이블 코인은 암호화폐의 가격 변동으로 인한 위험으로부터 헤지할 수 있도록 도와주고, 적절한 교환의 매개체 역할을 한다. 스테이블코인은 디파이의 필수 요소로 빠르게 진화하며 모듈식 생태계의 중추적인 요소가 되었다.

코인게코에는 49개의 스테이블코인이 상장되어 있다. 상위 5개 스테이블코인의 시가 총액은 598억 달러(70조 원)를 넘는다.

| 순위 | 은행 | 시가총액 (10억 달러) |
|------|------|---------------------|
| 1 | 테더USDT | 40.8 |
| 2 | USD 코인USDC | 10.8 |
| 3 | 바이낸스 USDBUSD | 3.5 |
| 4 | DAI | 3.0 |
| 5 | 테라 USDUST | 1.6 |

**5대 암호화폐 스테이블코인(2021년 4월 1일)** 출처 코인게코

43

이번 장은 미국 달러에 가치를 고정한 스테이블코인에 대해 다룬다. 각 스테이블코인 마다 달러에 가치를 고정하는 메커니즘이 다르다. 스테이블코인은 크게 법정화폐 담보형fiat-collateralized, 암호화폐 담보형crypto-collateralized, 알고리즘 기반형algorithmic의 세 가지 유형으로 나눌 수 있다. 대부분의 경우 법정화폐 담보형 시스템을 통해 미국 달러에 가치를 고정한다.

## 5.1 테더와 다이

달러화 가치 고정 스테이블코인 중 테더USDT와 다이DAI를 비교하며 달러 가치 고정 관리의 차이점을 소개하겠다. 본 책에서는 아주 최근에 등장한 알고리즘 기반형 스테이블코인은 다루지 않는다. 알고리즘 기반 스테이블코인에 대해서는 심화편에서 자세히 다룬다.

**테더**는 발행mint된 테더 토큰양만큼 미국 달러를 적립하여 보관하는 방식으로 자산 가치를 달러에 고정한다. 테더는 2021년 3월 기준 하루 평균 거래량이 약 1,130억 달러로 가장 크고 가장 널리 사용되는 달러화 가치 고정 스테이블코인이나, 테더 적립금이 제대로 된 감독을 받지 않은 채 금융기관에 보관되기 때문에 사용자는 단지 테더를 신뢰하는 수밖에 없다. 다시 말해 테더는 **중앙집중화된 법정화폐 담보형** 스테이블코인이다.

반면 **다이**는 이더리움 등 암호화폐를 담보물로 잡는다. 다이는 탈중앙화 자율조직과 스마트 컨트랙트에서 의결한 프로토콜을 통해 자산 가치를 미국 달러에 고정한다. 사용자는 필요하면 언제든, 다이를 생성할 때 사용하는 담보물이 실제 존재하는지 쉽게 확인할 수 있다. 다시 말해 다이는 **탈중앙화된 암호화폐 담보형** 스테이블코인이다.

5대 스테이블코인의 시가총액 기준으로 테더는 약 68%의 시장점유율을 장악하고 있다. 그에 반해 다이의 시장점유율은 약 5%에 불과하나, 거래량은 훨씬 빠른 속도로 증가하고 있다. 2021년 1분기 거래량 기준 테더는 95% 증가했고, 다이는 158% 이상 증가했다.

다이는 디파이 생태계에서 가장 보편적으로 사용되는 네이티브 스테이블코인native stablecoin이다. 디파이를 통해 거래, 대출 등의 업무를 할 때 단연 선호되는 달러화 가치 고정 스테이블코인 중의 하나가 바로 다이다. 다이를 더 잘 이해하려면 다이의 플랫폼인 메이커Maker에 대한 이해가 필요하다.

## `5.2` 메이커

### 메이커

메이커는 이더리움 블록체인에서 실행되는 스마트 컨트랙트 플랫폼으로, **두 가지의 토큰**을 가진다. 하나는 다이DAI(알고리즘을 통해 $1로 가치 고정됨)이고, 또 다른 하나는 거버넌스 토큰인 메이커Maker, MKR이다.

**다이**DAI는 2019년 11월 출시되었고 현재는 다중-담보 다이Multi-Collateral DAI라고도 부른다. 현재 이더, 베이직어텐션토큰Basic Attention Token, BAT, USD 코인USD Coin, USDC, 랩트비트코인Wrapped Bitcoin, WBTC 등 몇 가지 제3자 자산을 담보로 한다. 커뮤니티의 의견을 수렴하여 새로운 담보물의 형태가 추가되고 있는 상태다.

**메이커**MKR는 메이커 플랫폼의 거버넌스 토큰이다. 사용자는 이 토큰을 사용하여 메이커 개선안Maker Improvement Proposal, MIP에서 플랫폼 내 의사결정을 위한 투표가 진행될 때 투표권을 행사할 수 있다. 메이커는 탈중앙화 자율조직 형태이며, 이에 관해서는 거버넌스 부분에서 더 깊이 살펴볼 것이다.

## SAI와 DAI

메이커는 2017년 12월 단일-담보 다이Single-Collateral DAI, SAI로 시작되었다(https://blog.
makerdao.com/dai-is-now-live). 그 당시에는 유일하게 이더를 담보로 발행되었다. 그 후,
2019년 11월 메이커는 이더와 베이직어텐션토큰을 담보로 발행 가능한 새로운 다
중-담보 다이Multi-Collateral DAI를 출시했다.

메이커는 2020년 3월 자체 유동성 위기와 암호화폐 시장이 대폭락을 맞은 검은 목
요일Black Thursday 기간, 다이 가격의 불안정성을 관리하기 위해 첫 중앙집중화 담보
물인 USDC를 도입했다. 사용자들이 메이커다오 포럼을 통해 담보물 종류를 추가할
것을 제안하면 커뮤니티에서는 해당 제안을 검토하여 새로운 담보물 추가 여부를 결
정하고 있다.

SAI와 DAI를 다시 정리하면 다음과 같다.

- 단일-담보 다이  =  과거의 다이  =  SAI
- 다중-담보 다이  =  새로운 다이  =  DAI

즉, SAI는 더 이상 쓰이지 않으며, 메이커에서는 현재 다중-담보 다이가 표준 스테이
블코인이다.

## 메이커 거버넌스

앞에서 탈중앙화 자율조직을 언급했던 것을 기억하는가? 메이커MKR 토큰이 필요한
이유가 여기에 있다. DAO 내에서 MKR 소유자는 본인이 보유한 MKR 토큰의 양에
비례하는 의결권을 갖으며, 메이커 프로토콜을 지배하는 파라미터에 대해서 투표할
수 있다.

메이커 소유자들이 투표에 참여하는 파라미터들은 이 생태계를 건실하게 유지하는
데 필수적이고 이는 다이가 미화 $1에 가치를 고정하는 데에도 도움이 된다. 다이 스
테이블코인 생태계에서 알아야 할 세 가지 주요 파라미터에 대해서 설명하겠다.

### 1. 최소 담보 비율

발행 가능한 다이의 양은 최소 담보 비율collateral ratio에 따라 달라진다. 예를 들어 다음과 같다.

- 랩트비트코인 최소 담보 비율    =   150%
- 베이직어텐션토큰 최소 담보 비율   =   150%

여기서 담보율이 150%라는 말은 미화 $100을 발행하려면 미화 $150 상당의 WBTC 또는 BAT를 예치해야 한다는 뜻이다.

### 2. 안정화 수수료

안정화 수수료stability fee란, 볼트vault(금고)에서 채무 원금과 동시에 갚아야 하는 '이자율'에 해당한다. 프로토콜을 지배하는 MKR 토큰 소유자들이 의결한 내역에 따라 각 볼트 유형의 안정화 수수료가 변동한다. 이러한 의사결정은 시스템의 담보물의 위험 평가를 수행하는 메이커의 리스크 팀의 권고 사항을 따른다. 예를 들어 집필 시점 기준 BAT의 안정화 수수료는 6.0%이다.

### 3. 다이 예치율

다이 예치율Dai savings rate, DSR은 다이를 보유하는 대가로 얻는 이자를 말한다. DSR은 다이 수요에 영향을 미치는 재정 정책 도구이다. 집필 시점 기준 DSR은 0.01%이다.

## 다이 발행을 유인하는 동기

사람들은 왜 가치가 낮은 다이를 발행하기 위해 훨씬 가치가 높은 이더를 담보물로 삼을까? 차라리 이더를 팔아서 미화를 확보하는 게 낫지 않을까?

다음과 같이 세 가지 이유를 들 수 있다.

- **당장 현금이 필요하지만, 가지고 있는 자산의 가치가 향후 더욱 증가할 것이라고 생각될 때:** 이 경우 당신의 자산을 메이커 볼트에 넣어두고 다이를 발행하여 현금을 확보할 수 있다.

- **당장 현금이 필요하지만, 자산 매도 시 발생하는 과세가 골칫거리:** 그래서 대신 다이를 발행하면서 대출을 일으킨다.
- **레버리지**leverage **투자를 일으키고 싶을 때:** 자산 가치 상승이 예상될 때 자산을 레버리지 삼아 투자할 수 있다.

## 다이를 손에 넣는 방법

다이를 손에 넣는 방법에는 발행과 거래 두 가지가 있다.

### 다이 발행하기

전당포를 예로 들어 살펴보면 쉽게 이해할 수 있다.

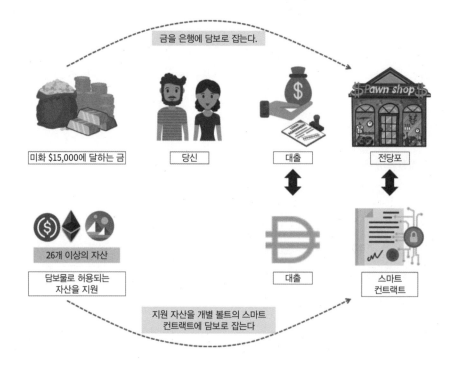

당신이 현금으로 미화 1만 달러가 필요하다고 가정해보자. 그런데 당신이 가진 자산은 1만 5천 달러 상당의 금괴뿐이다. 예상컨대 앞으로 금값이 오를 것 같아 당장 금을 팔아 현금을 확보하는 대신 전당포에 가서 금을 담보로 1만 달러를 빌리기로 한다. 전당포는 8%의 이자율로 1만 달러를 빌려주기로 한다. 양측은 계약서에 서명하고 거래를 종결한다.

자, 여태까지 쓴 단어들만 살짝 바꿔서 다이에 대해 설명해보겠다.

- 금(담보물)      ➡      이더(담보물 중 하나)
- 현금 대출      ➡      다이DAI
- 전당포      ➡      메이커
- 계약서      ➡      스마트 컨트랙트(볼트)
- 대출 이자      ➡      안정화 수수료

메이커 플랫폼에서는 이더ETH를 담보로 다이를 발행하거나 '빌려' 쓸 수 있다. 대출 실행이 끝날 무렵 이더를 돌려받으려면 '대출 원금'과 함께 '대출 이자'에 해당하는 안정화 수수료를 상환해야 한다.

개괄적인 설명을 위해 직접 다이를 발행하는 방법을 알아보자.

메이커 플랫폼 오아시스(https://www.oasis.app)에서는 이더를 볼트에 예치하고 다이를 빌려 쓸 수 있다. 현재 이더 가격이 $150이고 최소 담보 비율이 150%라고 하면, 1이더를 볼트에 예치하면 최대 100다이($100)를 받을 수 있다. 현재 이더는 최소 담보 비율이 각기 다른 세 가지 유형의 볼트가 있다. 여기에서는 간략한 설명을 위해 최소 담보 비율이 150%인 이더-AETH-A 볼트[1]를 예로 들어보겠다.

---

1    [옮긴이] 이더 담보에는 두 가지 종류가 있다. 이더-A는 안정화 수수료가 2%이고 담보 비율은 150%이고, 이더-B는 안정화 수수료가 4%인 대신 담보 비율이 130%로 낮다. https://blog.makerdao.com/a-guide-to-dai-stats 참고.

주의할 점은 인출 시 이더 가격 하락할 경우를 대비하여 허용 최대 범위인 100다이를 모두 인출하지 말고 일정 버퍼를 둬야 한다는 사실이다. 이를 통해 담보 비율은 늘 150% 이상을 유지하려고 노력해야 한다. 그래야만 설사 이더 가격이 떨어져 담보 비율이 150% 미만으로 떨어지더라도 강제로 청산liquidation당하지 않고 청산 수수료 liquidation fee(13%)를 지불할 일도 없어진다.[2]

### 다이 거래하기

다이를 발행하는 방법은 앞에서 설명한 게 전부다. 다이가 생성되면 원하는 어디든 송금 가능하다. 다이를 암호화폐 거래소로 보낼 수도 있다. 이런 2차 시장을 통해 굳이 다이를 발행할 필요 없이 다이를 매수할 수도 있다.

거래소를 통해 다이를 매수하면 담보물을 예치하지 않아도 되고, 담보 비율 또는 안정화 수수료를 걱정할 필요도 없다.

이번 장은 간략한 설명만 담겠다. 다이를 거래하는 거래소의 목록은 코인게코에서 확인 가능하다(https://www.coingecko.com/en/coins/dai#markets).

## 블랙 스완 사태

블랙 스완black swan은 아무도 예측 못 한 이례적인 상황이지만 한 번 발생하면 아주 심각한 결과를 초래할 수 있는 사태를 뜻한다. 이러한 블랙 스완 사태로 메이커의 담보 자산 가격이 폭락할 경우에는 긴급 차단Emergency Shutdown 조치가 취해진다. 시스템을 종료함으로써 메이커 플랫폼을 지키기 위한 최후의 보루로 쓰는 절차다. 이 절차는 다이 보유자와 볼트 사용자가 가진 자산의 순가치를 보장받도록 하기 위해 존재한다.

---

2    [옮긴이] 청산에 대해서는 6.1절에서 조금 더 자세히 다룬다.

블랙 목요일로 잘 알려진 2020년 3월, 이더 가격이 24시간 만에 반 토막 나면서 긴급 차단이 거의 취해질 뻔했다. 메이커는 자체 자동화 채무 경매debt auction를 통해 영향을 최소화했고, 재빠르게 시스템을 뒷받침할 신규 담보물로 USDC를 도입했다 (그럼에도 워낙 이더 가격의 폭락이 순식간에 일어나서 좀 늦게 발동되긴 했다).

## 왜 메이커를 사용하는가

앞에서 언급했듯이 스테이블코인의 종류는 다양하고, 그 차별점은 프로토콜에서 나온다. 대부분의 스테이블코인과 달리 메이커는 온전히 분산 원장에서 구동한다. 그렇기 때문에 메이커는 태생적으로 블록체인의 성질을 갖는다. 보안성, 불변성, 그리고 무엇보다 중요한 투명성을 가졌다.

여기에 덧붙여 메이커의 인프라는 실시간 정보를 활용한 종합적인 위험 프로토콜과 메커니즘으로 시스템 보안을 강화했다.

자, 여기까지 메이커의 스테이블코인 다이에 대해 알아봤다. 직접 실험해보고 싶다면 다음의 단계별 사용 가이드를 통해 1) 스스로 다이를 발행해보고 2) 다이를 예치해서 이자 수익을 거둬보자. 지금 당장 급하지 않다면 다음 장으로 넘어가 또 다른 디파이 앱을 알아보자.

## 5.3 메이커 단계별 사용 가이드

## 다이 직접 발행하기

### 1단계

- 오아시스 사이트(https://www.oasis.app)에 접속한다.
- Borrow(차입하기)를 클릭한다.[3]

---

3  [옮긴이] 번역 시점에서는 볼트를 먼저 만들어야(개설해야) 하는 등 사이트가 많이 개편되었으므로 단계별 가이드는 참고만 하자.

- 지갑과 연동이 필요하다는 문구가 나올 것이다. 지갑 연결은 무료이다. 단지 트랜잭션에 서명하기만 하면 된다.

## 2단계

- 차입 페이지에서 Start Borrow(차입 시작하기)를 클릭한다.
- 예치(담보)하고자 하는 암호자산cryptoasset을 선택한다. 집필 시점에서는 한 번에 한 종류만 선택할 수 있다.

## 3단계

- 이 예제에서는 이더를 담보로 잡는 경우로 설명하겠다.

- 예치할 액수를 입력한다. 빌릴 수 있는 최소 금액은 20다이다.

- Continue(계속하기)를 클릭하고, 안내를 따른다.

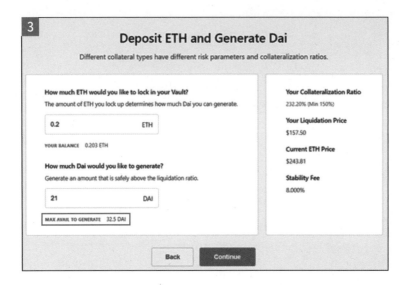

## 4단계

- 드디어 당신만의 이더 볼트가 생성되었다!

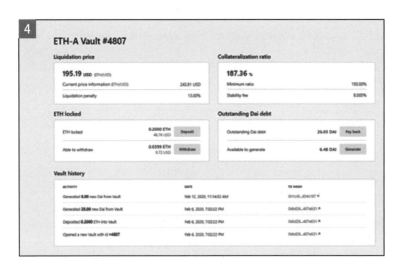

다이 발행 외에도, 메이커 플랫폼에서 보유한 자산에 대해서 이자 수익을 거둘 수도 있다. 다이를 저축하는 단계별 가이드는 다음과 같다.

# 다이 저축하기

## 1단계

- 왼쪽 사이드바에서 Save(저축)를 클릭해 저축 페이지로 이동한다.

## 2단계

- Deposit(입금하기)을 클릭한다.
- 다이 저축액을 입력한다.
- Proceed(진행하기)를 클릭한다.
- 지갑에서 저축 내역을 확정한다.

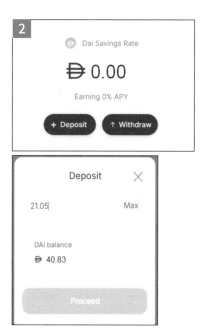

## 3단계

- 모든 게 완료됐다!

- DSR 계좌는 한 개밖에 가질 수 없다. 첫 입금 후 추가로 다이를 입금하고자 할 때 는 해당 계좌에 액수가 입금될 것이다.

- 다만 집필 시점 기준에서 DSR의 연간 수 익률annual percentage yield, APY은 0%다.

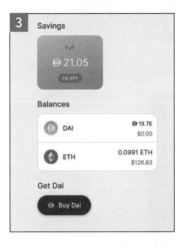

## 5.4 읽을거리

1. **메이커 프로토콜 101**

   https://docs.makerdao.com/getting-started/maker-protocol-101

2. **메이커 천재반: 다이 스테이블코인에 관한 쉬운 설명**

   https://medium.com/cryptolinks/e4481d79b90

3. **메이커다오의 개념과 개발 현황**

   https://hackernoon.com/whats-makerdao-and-what-s-going-on-with-it-explained-with-pictures-f7ebf774e9c2

4. **다이 저축 계좌 만들기**

   https://bankless.substack.com/p/how-to-get-a-dai-saving-account

5. **메이커의 블랙 스완 사태**

   https://tokentuesdays.substack.com/p/makers-black-swan

# 탈중앙화 대출과 차입

금융기관의 최대 서비스 중 하나가 바로 자금을 빌려주고 빌리는 일이다. 대출과 차입은 신용과 담보라는 개념을 통해 가능하다. 2021년 4월 1일 기준 암호화폐 차입금 borrowing volume의 액수는 1년 전 대비 102배 증가하여 97억 달러에 달한다.

사업자금대출의 발명으로 조금 덜 부유한 사람들도 창업 자금을 마련하고 경제 활동을 활발히 할 수 있는 시대가 부흥했다. 이로써 경제는 전례 없는 속도로 성장하기 시작했다.

사업가들은 회사를 담보 삼아 당장 필요한 자본금을 빌릴 수 있으며, 가정에서는 주택담보대출을 받아 현금만으로는 마련하기 어려운 주택을 구입할 수 있다. 이와 반대로 개인 또는 회사가 축적한 자산을 자본금이 필요한 사람에게 빌려줄 수 있다. 담보 제도는 자금을 빌린 사람이 도주할 위험을 줄여준다.

그러나 담보 제도는 신용과 중개자가 필요하다. 긴 세월 동안 은행은 중개자 역할을 도맡았고, 복잡한 신용 제도가 신용도를 좌지우지했다. 기존 신용 제도 아래에서 자금을 빌리기 위해서는 은행이 요구하는 여러 가지 요건을 갖춰야 했으며 대출 상환 능력도 증명해야 한다.

종래의 신용 제도는 여러 부분에서 한계와 결점을 드러냈다. 자금 조달 및 대출 기준은 까다롭기 그지없고, 지리적으로 멀거나 법 규제로 인해 은행 접근 자체가 불가능한 경우가 발생하며, 저위험-고수익을 누릴 수 있는 자금 대출 상품은 부유층만 누릴 수 있었다.

디파이 환경에서는 은행이 불필요하기 때문에 이 같은 장벽이 존재하지 않는다. 담보물만 충분하면 누구나 필요에 따라 자본금을 마련할 수 있다. 부유한 사람들만 자본을 대출해주고 이자를 얻는 시대는 끝났다. 탈중앙화 유동성 풀liquidity pool에 자금을 예치하여 다른 사람들이 대출을 받는 데 기여한 사람은 누구든 알고리즘에서 정한 이자 수익을 얻을 수 있다. 디파이에서는 담보만 제공하면 대출이 이루어진다. 엄격한 고객 확인 제도know-your-customer, KYC 및 자금 세탁 방지anti-money laundering, AML에 혈안이 된 은행에 더는 가지 않아도 된다.

디파이 대출 프로토콜의 선두 주자 컴파운드 파이낸스Compound Finance와 아베Aave를 통해 은행 없는 대출 및 차입의 세계를 살펴보자.

## 6.1 컴파운드 파이낸스

컴파운드 파이낸스는 이더리움 기반의 오픈소스 자금 시장 프로토콜로서, 이 안에서는 누구든지 그 어떤 방해 요소 없이 암호화폐를 대출해주거나 차입할 수 있다.

집필 시점 기준 컴파운드 플랫폼에서는 9개의 토큰이 사용 가능하다.

1. **제로엑스**0x, ZRX

2. **베이직어텐션토큰**BAT

3. **컴파운드**COMP

4. **다이**DAI

5. **이더**ETH

6. **USD 코인**USDC

7. **테더**USDT

8. **유니스왑**UNI

9. **랩트비트코인**WBTC

9개 코인 중 USDT의 경우 수수료 구조가 컴파운드의 유동성 메커니즘에 영향을 미칠 수 있기 때문에 담보물로 쓰이지 않는다.

컴파운드는 이더리움 블록체인 위에 구축한 유동성 풀로 운영된다. 공급자는 이자를 얻기 위해 유동성 풀에 자산을 공급하고, 차입자는 유동성 풀에서 대출을 받아 진 빚에 대한 이자를 지급한다. 즉, 컴파운드는 유휴 자금을 통해 이자 수익을 내고자 하는 대출자와 자금을 빌려 생산 및 투자를 일으키려는 차입자를 연결시켜준다.

컴파운드의 금리는 APY(연간 수익률)로 나타내며 각 자산의 이율은 상이하다. 컴파운드의 금리는 자산의 수급이 반영된 알고리즘을 통해 계산된다.

컴파운드는 공급자와 차입자가 복잡한 대출 조건(예: 만기, 이자율, 거래 상대방, 담보물)을 따지지 않고 원하는 금리에 맞게 프로토콜을 통해 직접 상호작용할 수 있도록 하여 대출 및 차입에 대한 저해 요소를 낮추고 효율적인 자금 시장을 창출하는 데 도움을 준다.

## 금리는 어떻게 결정되는가

APY는 자산의 수급에 따라 알고리즘으로 결정되기 때문에 자산마다 차이가 있다. 대개 차입 수요가 높을수록 APY가 높고 차입 수요가 낮으면 APY도 낮다.

| Market | | Total Supply | Supply APY | Total Borrow | Borrow APY |
|---|---|---|---|---|---|
| **All Markets** | | | | | |
| ◆ | Ether<br>ETH | $1,571.72M<br>-0.38% | 0.13%<br>– | $96.19M<br>-0.45% | 2.65%<br>– |
| Ⓓ | Dai<br>DAI | $1,290.69M<br>-1.19% | 4.45%<br>+0.34 | $1,059.12M<br>-0.69% | 6.44%<br>+0.47 |
| Ⓑ | Wrapped BTC<br>WBTC | $1,145.97M<br>-0.29% | 0.21%<br>+0.01 | $74.84M<br>+1.95% | 4.04%<br>+0.04 |
| Ⓢ | USD Coin<br>USDC | $1,026.58M<br>+1.35% | 7.80%<br>+1.45 | $873.43M<br>+3.12% | 10.01%<br>+1.72 |
| Ⓣ | Tether<br>USDT | $178.70M<br>+1.18% | 8.01%<br>+0.80 | $152.41M<br>+2.14% | 10.26%<br>+0.94 |
| ⦿ | Uniswap<br>UNI | $132.56M<br>+0.15% | 0.20%<br>+0.01 | $8.33M<br>+5.02% | 4.29%<br>+0.11 |
| ✖ | 0x<br>ZRX | $78.30M<br>+0.10% | 2.58%<br>– | $23.98M<br>+0.03% | 11.74%<br>-0.01 |
| Ⓢ | Compound Governance Token<br>COMP | $60.05M<br>+3.65% | 2.92%<br>-0.20 | $22.29M<br>– | 10.90%<br>-0.34 |
| △ | Basic Attention Token<br>BAT | $28.94M<br>+0.46% | 2.43%<br>-0.01 | $8.67M<br>+0.34% | 11.26%<br>-0.01 |

컴파운드 코인별 금리(2021년 1월)    출처 compound.finance/markets

그림처럼 다이 스테이블코인의 경우 자산을 빌려주는 대출자는 1년 후 4.45% APY 의 이자 수익을 거두고, 자산을 빌리는 차입자는 1년 후 6.44% APY 이자를 지급해 야 한다.

## 컴파운드를 사용하려면 계좌가 필요한가

계좌 등록은 필요 없다. 이게 바로 탈중앙화 금융 애플리케이션의 장점이다! 시작부 터 복잡하기 이를 데 없는 종래의 금융 애플리케이션과는 달리 컴파운드 사용자는 어떤 등록도 필요하지 않다.

아젠트, 메타마스크 등 사용 가능한 암호화폐 지갑이 있는 사람이면 누구든 컴파운드를 즉시 사용할 수 있다.

## 컴파운드 거버넌스

컴파운드는 설립 이후 탈중앙화 정도가 점진적으로 증가하다가 2020년 6월 COMP 거버넌스 토큰을 출시하면서 완전한 커뮤니티 기반 프로토콜로 전환했다. COMP 토큰 보유자는 컴파운드의 투표 디앱을 통해 의결권을 행사하여 컴파운드의 발전 방향에 대해 제안하고 이에 대해 토론하며 변화를 일으킬 수 있다. 거버넌스 토큰에 대한 자세한 내용은 13장에서 다룬다.

컴파운드 프로토콜은 거버넌스를 통해 새로운 자산을 추가한다거나, 담보 비율 또는 금리 알고리즘 같은 시스템 파라미터를 조정할 수 있다.

### 컴파운드의 거버넌스는 어떻게 작동하는가

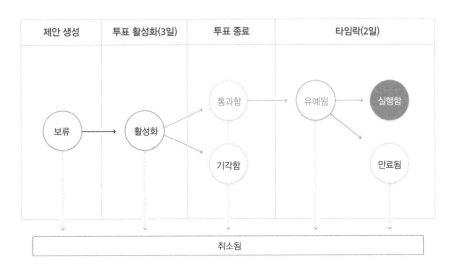

컴파운드 프로토콜의 거버넌스를 구성하는 요소는 크게 3가지이다.

1. **COMP 토큰**

2. **거버넌스 모듈**Governor Alpha**(거버너 알파)**

3. **타임락**Timelock**(일정 시간의 유예 기간)**

전체 COMP 공급(1000만)의 최소 1%(즉 10만 COMP)가 위임된 주소는 거버넌스 조치를 제안할 수 있다. 이 단계를 거버너 알파라고 부른다.

제안서가 제출되면 3일 동안 COMP 토큰 보유자들로부터 최소 40만 표 이상을 받아야 한다(정족수가 전체 COMP 공급량의 4%).

정족수를 충족하여 통과된 제안서는 타임락 대기 명부에 올라간다. 통과된 제안은 이틀간의 유예 기간을 거쳐 컴파운드 프로토콜 내에서 구현된다.

COMP 토큰은 거래소에서 구입하거나, 컴파운드 프로토콜에서 대출 및 차입에 참여하여 이자 농사를 지어 얻을 수 있다. COMP 토큰은 컴파운드에서의 대출 및 차입 활동한 대가로 얻거나 지급한 금리에 비례하여 분배된다.

## 컴파운드에서 이자 수익 내기

이자 수익을 얻기 위해서는 프로토콜에 자산을 공급해야 한다. 집필 시점 기준 컴파운드는 9가지의 토큰을 취급한다.

본인의 자산을 컴파운드에 예치하면 그 즉시 예치금에 대한 이자 수익이 발생하기 시작한다. 이자는 공급된 자산에 대해 누적되며 이더리움 블록이 쌓일 때마다(평균 15초에 1개) 계산된다.

자산을 예치하면 해당 금액만큼의 c토큰cToken을 받는다. 가령 다이를 제공하면 cDAI를, 이더를 제공하면 cETH를 받게 된다. 이자는 즉시 부여되지 않고 c토큰으로 누적되며, 이자를 발생시킨 원 자산 및 발생한 이자로 추후 환급받을 수 있다.

참고로 USDT는 거래 상대방의 리스크 노출exposure(익스포저) 때문에 9개 통용 자산 중 유일하게 담보로 사용할 수 없다. 2장에서 설명했듯이 USDT의 경우 미국 달러에 1:1로 완벽히 가치가 고정(페깅)되어 발행된 USDT만큼의 미화가 실제 보유고에 적립되어 있다는 사실을 사용자가 직접 확인할 길 없이 '신뢰'할 수밖에 없는 구조다. 컴파운드는 USDT가 무한정 발행되어 자사의 프로토콜에서 대규모의 자산 유출이 발생하는 상황을 우려한다고 밝힌 바 있다.

## c토큰

c토큰은 프로토콜 내에서 사용자 자산의 잔고를 나타내며 시간이 지남에 따라 이자 수익이 축적된다. 컴파운드에서는 획득한 이자가 즉시 배분되지 않고 c토큰으로 발생하며 누적된다.

예를 들어보자. 2020년 1월 당신이 1,000다이를 공급했고 2020년 내내 APY는 일정하게 10%였다고 가정하자.

2020년 1월 1,000다이를 예치했다면 1,000 cDAI가 주어졌을 것이다. 이 경우 다이와 cDAI의 교환 비율은 1:1이다.

1년이 지나 2021년 1월이 되자 cDAI의 가치가 10% 올랐다고 하자. 이제 다이와 cDAI의 교환 비율은 1:1.1이다. 즉 이제 1000 cDAI로 1,100다이를 교환받을 수 있다.

- **2020년 1월 1일**
  - 1,000다이 예치. 1,000 cDAI 수령
  - 교환 비율: 1 cDAI = 1다이

- **2021년 1월 1일**
  - 1,000 cDAI 환급. 1,100다이 수령
  - 교환 비율: 1 cDAI = 1.1다이(cDAI의 가치가 10% 상승)

c토큰은 누적된 이자를 처리하기 위해, 시간이 지남에 따라 증가한 기초 자산의 양을 반영한다. c토큰 역시 ERC-20 토큰이므로 만약 공급자인 당신의 포지션을 대체하기 원하는 누군가가 있다면 그 사람에게 공급된 자산의 '소유권'을 간단히 이전할 수도 있다.

## 컴파운드에서 돈을 빌리기

차입하기 전에는 대출금에 대한 담보물로서 시스템에 자산을 공급해야 한다. 컴파운드에 공급하는 자산의 크기가 클수록 차입할 수 있는 액수도 커진다. 덧붙여, 공급된 자산은 각기 다른 담보 비율을 가지며, 그 담보 비율에 따라 차입할 수 있는 자산의 규모가 결정된다.

차입한 자산은 바로 이더리움 지갑으로 송금되며 거기서부터는 일반적으로 암호화폐를 쓸 때와 똑같이 본인의 재무 전략에 맞게 어디든 사용 가능하다.

돈을 빌린 사람이 지불한 이자의 일부는 컴파운드 토큰 소유자들이 관리하고 보험의 역할을 하는 지급준비금reserve으로 쌓인다. 컴파운드가 지원하는 각 자산마다 지급준비율이 정해져 있어 그 비율만큼 지급준비금을 보유한다.

## 담보 자산의 가격 변동

대출을 받기 위해 자산을 담보로 예치할 때, 담보의 가치가 변동되면 어떻게 될지 궁금할 것이다. 두 경우로 나눠서 살펴보자.

### 1. 담보 가치가 높아질 때

당신이 담보로 잡은 자산의 가치가 높아지면 담보 비율 역시 상승한다. 이 경우는 별다른 일이 발생하지 않는다. 추가로 대출이 필요하면 실행할 수 있다.

### 2. 담보 가치가 떨어질 때

반대로 담보로 잡은 자산의 가치가 떨어져서 담보 비율이 전보다 하락하게 되면, 담보 자산의 일부가 청산되면서 8%의 청산 수수료가 부과된다. 최소 담보 비율을 유지하기 위해 담보 자산을 처분하는 절차를 청산liquidation이라고 부른다.

## 청산

공급된 담보물의 가치가 차입한 자금보다 적어질 때 청산이 시작된다. 청산은 인출 또는 대출 가능한 자금을 충분히 확보하기 위해 발생한다. 이로써 돈을 빌려준 사람은 돈을 빌린 사람의 채무불이행으로 인한 고통을 겪지 않도록 보호받는다. 집필 시점에서 컴파운드의 청산 수수료는 8%이다.

이상으로 컴파운드에 관한 설명을 마친다. 컴파운드를 직접 사용해보고싶다면 1) 유동성 풀에 자금을 공급하는 방법과 2) 유동성 풀에서 자금을 차입하는 방법에 관한 단계별 사용 가이드를 따라 해보자. 나중에 시도하고 싶다면 새로운 디파이 디앱을 탐구하러 다음 장으로 넘어가도 좋다.

## 6.2  컴파운드 파이낸스 단계별 사용 가이드

### 유동성 풀에 자금을 공급하는 방법

#### 1단계

* 컴파운드 파이낸스의 대시보드 페이지(https://app.compound.finance)에 접속한다.
* 지갑을 연결한 적이 없었다면 지갑을 연결하고, 지갑의 안내 사항에 따른다. 그림에서는 메타마스크에 연결했다.
* 이제 유동성 풀(화면 왼쪽)에 현재 통용 가능한 암호화폐 9개 중 하나를 예치할 수 있다.[1]

---

1    옮긴이 번역 시점에서 컴파운드 사이트는 한국어를 지원한다.

- 이때 각 토큰은 개별적으로 활성화enable된 상태여야 한다. 토큰당 1회만 활성화를 수행하면 된다.[2]

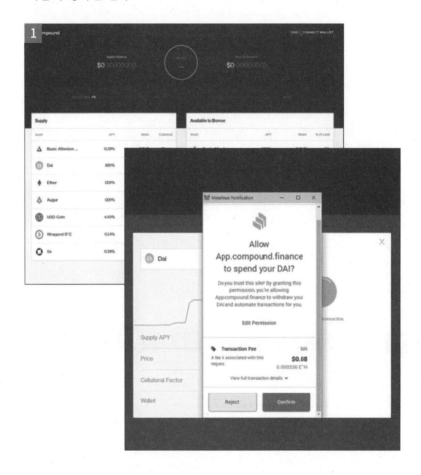

## 2단계

- c토큰을 얻는다.
- 은행에서 정기예금을 들면 가입 증서를 발급해주듯, 컴파운드에 자산을 공급하면 예치한 자산의 유형과 금액을 증명하는 c토큰을 받게 된다.

---

2    [옮긴이] 토큰 활성화 및 실제 공급/차입 등은 모두 트랜잭션이므로 가스비가 발생한다.

- c토큰은 예치 금액에 대한 청구권의 역할을 하며 발생한 이자를 기록한다. 따라서 자산을 인출 또는 상환하고 싶을 때 역시 c토큰을 사용한다.

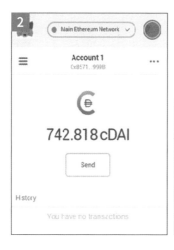 

## 3단계

- 이자 수익을 얻는다.
- 자산을 예치하는 그 즉시 이자가 발생하기 시작하며, c토큰을 받는다. c토큰을 보유하는 것만으로 계좌에 이자가 쌓인다.

### 4단계

- c토큰을 상환한다.
- 시간의 흐름에 따라 이자가 누적되고 각 cToken은 원 자산의 가치가 증가한 만큼 상환 가능해진다. 필요하면 언제든지 c토큰을 상환하고 자산을 자신의 지갑으로 되돌릴 수 있다.

## 유동성 풀에서 자금을 차입하는 방법

우선 주의할 점이 있다.

- 돈을 빌리려면 컴파운드에 **자신의 자산을 담보물로 공급해야 한다.** USDT는 차입금을 위한 담보물로 쓰일 수 없다.
- 토큰마다 담보 비율이 상이하다. 담보 비율은 차입금 대비 공급 필요한 자산액의 비율이다.
- 같은 토큰을 공급하는 동시에 빌릴 수는 없다.

### 1단계

- 컴파운드 파이낸스의 대시보드 페이지(https://app.compound.finance)에 접속한다.
- 화면 오른쪽에서 어떤 토큰을 빌릴지 선택한다. 이 예제에서는 USDC를 빌리기로 했다고 가정하고 진행한다.

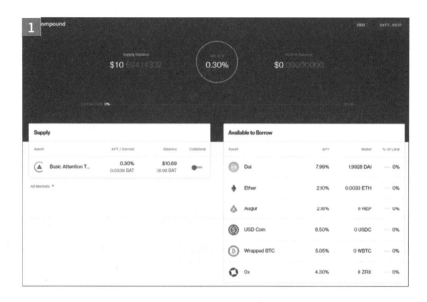

## 2단계

- USDC에 대한 팝업이 뜰 것이다.

- 물론 담보물 토큰을 '담보 활성화'해서 대출 한도borrow limit가 늘어난 상태여야
  대출이 가능하다.

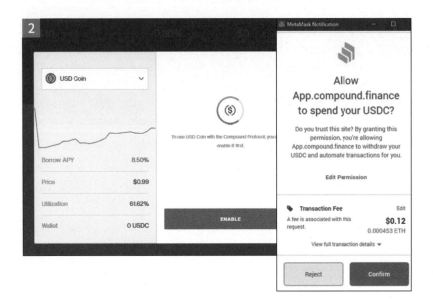

### 3단계

- 대출을 받을 액수를 입력한다. 이 예제에서는 USDC 2개를 빌려보겠다.

- 사용하는 지갑을 통해 거래를 확정한다.

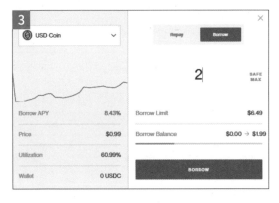

**4단계**

- 이걸로 끝이다!

- 공급한 자금과 빌린 액수 모두 컴파운드 대시보드에서 확인 가능하다.

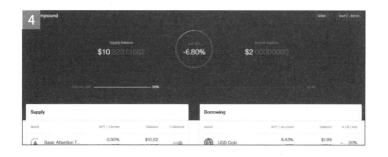

## 6.3 아베(에이브)

아베Aave[3] 역시 손꼽히는 탈중앙화 금융시장 프로토콜이다. 2021년 4월 기준 아베에서는 24가지의 자산을 빌리고 빌려줄 수 있다. 앞서 설명한 컴파운드에 비해 더 많은 자산이 통용됨을 알 수 있다.

컴파운드와 아베는 비슷한 방식으로 운영된다. 대출 유동성 풀에 암호화폐를 예치하여 유동성을 공급하고 이자 수익을 얻는 구조이다. 차입자들은 이 유동성 풀을 이용하여 돈을 빌릴 수 있고 그 대가로 이자를 지불한다.

아베는 컴파운드보다 더 유연하고 다양한 기능을 제공하기 때문에 좀 더 복잡하다고 할 수 있다. 실제 두 프로토콜이 어떤 차이가 있는지 깊이 알고 싶다면 심화편을 읽어보기 바란다.

---

3   (옮긴이) 국내 거래소에는 초기에 '에이브'라는 표기로 상장되었지만, 글로벌 시장 참여자들은 대부분 '아베' 발음을 사용하므로 이 책에서도 '아베'로 표기하겠다.

다음은 아베의 주요 특징 8가지다.

### 1. 더 많은 자산을 취급한다.

2021년 4월 기준 아베는 돈을 빌리고 빌릴 수 있는 자산으로 24가지를 취급한다. 과거를 돌아보면 아베는 자사 플랫폼에 자산의 종류를 늘려나가는 데 박차를 가해왔다.

### 2. 대출 관련 안정/변동 금리

차입자는 안정 금리 또는 변동 금리 중 취사 선택할 수 있다.

### 3. 금리 전환

차입자는 안정 금리 또는 변동 금리 중 하나를 선택한 다음에도 다른 금리로 전환할 수 있다.

### 4. 담보물 스왑

차입자는 기존의 담보물을 다른 자산과 스왑할 수 있다. 이것은 대출금이 최저 담보 비율보다 떨어져 청산을 당하는 일을 방지하는 데 도움이 된다.

### 5. 담보를 활용한 상환

차입자는 한 건의 이더리움 트랜잭션으로 가지고 있는 담보물을 지불함으로써 대출을 상환할 수 있다.

### 6. 플래시론

대출금, 그에 따른 이자, 플래시론 수수료를 하나의 동일한 이더리움 트랜잭션으로 모두 상환한다는 조건으로, 차입자는 무담보로 대출을 받을 수 있다. 이를 플래시론flash loan이라고 한다. 플래시론은 차익arbitrage 거래자에게 유용하다. 여러 디파이 디앱들과의 차익 거래에서 자본 효율적이기 때문이다.

### 7. 플래시 청산

청산자liquidator는 플래시론을 활용하여 청산 채권의 일부로 자본을 빌리고, 자기 자본을 들이지 않고도 청산 보너스를 받을 수 있다.

## 8. 네이티브 신용 위임

차입자는 무담보 대출을 원하는 또 다른 사용자에게 기존보다 더 높은 금리에 신용 대출 한도를 위임할 수 있다.

## 금리는 어떻게 결정되는가

컴파운드와 마찬가지로, 차입자 및 대여자의 금리는 각 자산에 대한 수급을 반영한 알고리즘에 의해 결정된다.

결국 차입 수요가 많을수록 자본 풀의 유동성이 나빠지므로 금리는 인상된다. 금리가 높아질수록 대여자의 이자 소득은 증가하게 된다.

아베 코인별 금리(2021년 4월)　출처 app.aave.com

집필 시점에서 USDT를 예치한 사용자의 경우 5.99% APY를 얻는다. 돈을 빌린 사용자는 변동 금리 또는 안정 금리 중 택할 수 있으며, USDT의 변동 금리의 연간 이자율annual percentage rate, APR은 3.97%인 반면 안정 금리는 11.99%이다.

## 어떤 금리를 선택해야 하는가

### 안정 APR

안정 APR은 고정 금리와 비슷하지만 시장 환경이 안 좋아지면 변동이 있을 수 있다. 안정 APR을 선택하는 차입자는 본인이 상환해야 하는 이자 금액을 정확하게 확인하고 싶어 하는 경향이 있으며, 각 유동성 풀의 유동성 변동에 영향을 덜 받는다.

### 변동 APR

변동 APR은 아베 프로토콜에서 자산의 수급에 따른 알고리즘으로 결정된다. 변동 금리는 예치된 유동 자금의 규모에 따라 변동한다.

## 아베를 사용하려면 계좌가 필요한가

필요하지 않다. 아베는 탈중앙화 대출 프로토콜이기 때문에 이미 가지고 있는 암호화폐 지갑만 있으면 통용 가능한 자산을 빌려주거나 빌릴 수 있다.

## 아베에서 이자 수익 내기

원리는 컴파운드와 유사하다. 먼저 아베 프로토콜에 자산을 공급해야 한다.

자산을 예치하면 그 기초 자산의 가치와 1:1로 연동된 a토큰을 받는다. 예를 들어 USDT를 제공하면 aUSDT를 받고, YFI를 제공하면 aYFI를 받게 된다.

이자는 매번 이더리움 블록이 생길 때마다(최대 15초) a토큰에 바로바로 누적은 되나, 바로 지급받는 형태는 아니다. 자본과 발생한 이자를 지급받으려면 a토큰을 상환해야 한다.

## 아베에서 돈을 빌리기

돈을 빌리기 위해서는 먼저 반드시 자산을 담보로 예치해야 한다. 그리고 예치금은 차입금보다 커야 한다. 컴파운드와 달리 아베는 정해진 담보 인정 비율loan to value

ratio, LTV[4]에 따라 사용자가 빌릴 수 있는 금액을 산정하며 각 자산의 LTV는 15~80%
까지 다양하다.

LTV가 자산의 청산 임계치에 도달하면 청산자는 자산에 따라 최대 15%의 청산 수
수료를 매기고 동시에 대출금의 최대 50%를 청산할 수 있다.

모든 자산을 담보로 사용할 수 있는 것은 아니라는 사실을 기억하자. 컴파운드와 마
찬가지로 아베 또한 갑작스런 유동성 고갈을 초래할 수 있는 거래 상대방 리스크 노
출이 있는 토큰은 담보로 취급하지 않는다. 따라서 (집필 시점에서) USDT, GUSD,
BUSD, sUSD의 4가지 자산은 담보로 사용할 수 없다.

## 아베 거버넌스는 어떻게 작동하는가

아베는 2020년 12월 아베 프로토콜 V2을 출시했다. 네이티브 거버넌스 토큰은 아베
AAVE이다. 아베 토큰을 가지고 누구나 자유롭게 아이디어를 제안하여 아베 프로토콜
을 개선하고 조정하는 데 함께할 수 있다. 개선안 제출 방법을 알아보자.

1. **아베 거버넌스 포럼**(https://governance.aave.com)**에서 아베 코멘트 요청서**Aave Request for
   Comments, ARC**를 준비한다. 아베 커뮤니티가 요청서에 대한 피드백을 댓글로 제공할 것
   이다.**
2. **ARC가 논쟁의 여지가 없는 경우 아베 개선 제안**Aave Improvement Proposal, AIP**을 제출할
   자격이 주어진다.**
3. **AIP는 투표를 위해 프로토콜에 제출된다.**

현재 제안서의 유형은 두 가지가 있다. 유형에 따라 초기 파라미터가 다르다.

- 단기 실행 지연short time lock executor
  - 초기 정족수는 2%이다(찬성표 ≥ 2%).[5]

---

4    〔옮긴이〕 은행 등 금융기관에서 돈을 빌려줄 때 담보가 되는 자산의 가격 대비 인정해주는 대출금의 비율
5    최대 공급량 1,600만 개의 총 투표권 중 '찬성'이 차지하는 비율

- 최소 투표 득차는 0.5%이다(찬성표 – 반대표 ≥ 0.5%).[6]

• 장기 실행 지연long time lock executor

- 초기 정족수는 20%이다(찬성표 ≥ 20%).

- 최소 투표 득차는 15%이다(찬성표 – 반대표 ≥ 15%).

한 아베 제안서의 투표 결과를 예로 들어 살펴보자(https://bit.ly/3oXkuvT).

**아베 제안서 예시**

---

6    총 투표권 중 찬성과 반대의 최소 차이

그림에서 파악할 수 있는 점들은 다음과 같다.

- 최소 투표 득차는 0.5%이며, 필요 정족수는 2%이다.

- 따라서 이 제안은 단기 실행 지연 건이다.

- 찬성은 334,597표(총 투표권 중 2.1%)를 얻었으므로 정족수를 채웠다.

- 반대는 20,337표로 0.127%이다.

- 따라서 투표 득차는 1.96%(2.1% - 0.127%)이다.

- 조건을 충족했으므로 본 제안은 통과되었다.[7]

단, 정족수는 제안에 대한 최소 투표 득차에 따라 변동한다. 앞의 예제를 다시 보자.

- 찬성표는 2.1%로 동일하다고 가정한다.

- 이때 반대표가 0.127%에서 1.8%로 증가했다고 하자.

- 투표 득차가 0.3%로 줄어 최소 투표 득차인 0.5%를 충족하지 못한다.

- 이 제안이 통과되려면 찬성표가 2.1%에서 2.3%(1.8% + 0.5%)로 높아져야 한다.

- 즉 정족수 임계치가 2.3%로 높아졌음을 알 수 있다.

## 6.4 아베 단계별 사용 가이드

### 유동성 풀에 자금을 공급하는 방법

**1단계**

- 아베 마켓 페이지(https://app.aave.com)에 접속한다.

- 원하는 지갑을 연결한다. 예제에서는 메타마스크를 사용하겠다. 일반적으로 Browser Wallet(브라우저 지갑)을 선택하면 된다.

---

7 [옮긴이] 번역 시점에서는 상태가 통과함(Passed)에서 실행함(Executed)으로 바뀌어 있다.

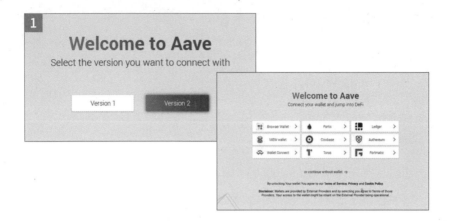

## 2단계

- 상단 메뉴에서 DEPOSIT(예치)을 선택한다.[8]

- 예치할 수 있는 자산 목록과 해당 APY를 확인할 수 있다.

## 3단계

- 프로토콜에 100다이를 공급한다고 해보자.

- 다이를 예치하려면 먼저 프로토콜에서 다이를 사용하도록 승인에 대해 서명
해야 한다(이때 가스비를 지불해야 한다).

---

8    [옮긴이] 번역 시점에서 아베 사이트는 한국어를 지원한다.

- 승인 서명 후 100다이를 입금할 수 있다. 예치금을 송금하려면 거래에 서명해야 한다.

- 자산 예치하기 성공!

## 4단계

- 대시보드 페이지에서 자신의 예치금을 확인할 수 있다.

## 유동성 풀에서 자금을 차입하는 방법

먼저 주의할 점이 있다. 돈을 빌리려면 우선 아베에 자산을 담보로 제공해야 한다. 토큰마다 대출을 받기 위해 제공해야 하는 예치금의 비율, 즉 담보 인정 비율LTV이 정해져 있다.

### 1단계

- 상단 메뉴에서 BORROW(차입)를 선택한다.
- 차입할 수 있는 자산 목록과 해당 APY를 확인할 수 있다.

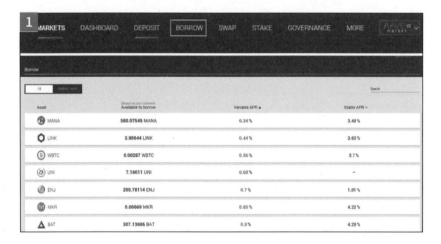

### 2단계

- 빌릴 자산을 선택한다. 이 예제에서는 35 ENJ를 빌려보겠다.
- Continue(계속)를 클릭한다.

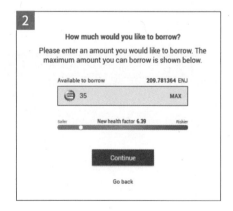

## 3단계

- 안정 APR 또는 변동 APR 중 선택할 수 있다. 예제에서는 상대적으로 금리가 낮은 변동 APR을 선택했지만, 선택은 각자의 몫이다.

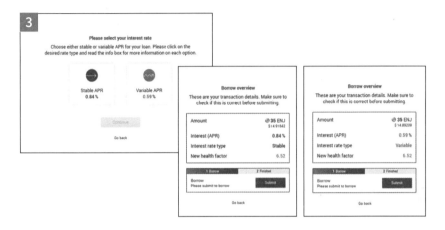

## 4단계

- 트랜잭션을 승인한다.
- 35 ENJ만큼의 자산 빌리기에 성공했다!

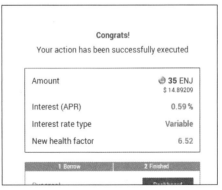

## 5단계

- 대시보드 탭에서 차입금을 확인할 수 있다.

## 6.5  읽을거리

### 컴파운드

1. **디파이 시리즈 – 생태계와 주요 프로토콜 개요**

   https://medium.com/alethio/da27d7b11191

2. **컴파운드에 관한 FAQ**

   https://medium.com/compound-finance/1a2636713b69

3. **디파이 시리즈 #1 – 탈중앙형 암호화 자산 대출 및 차입**

   https://research.binance.com/en/analysis/decentralized-finance-lending-borrowing

4. **제로 투 디파이 – 컴파운드 파이낸스에서 패시브 인컴**passive income**을 창출하려는 초보자를 위한 가이드**

   https://defipulse.com/blog/zero-to-defi-cdai

5. **서명 한 번 없이 암호화폐로 대출받기**

   https://mashable.com/article/defi-guide-ethereum-decentralized-finance

6. **컴파운드로 패시브 인컴 창출하기**

   https://defitutorials.substack.com/p/earn-passive-income-with-compound

# 아베

1. 아베에 관한 FAQ

   https://docs.aave.com/faq

2. 아베 프로토콜 V2

   https://medium.com/aave/f06f299cee04

3. 아베 a토큰은 레이어 2로 가는 최신 디파이 레고

   https://thedefiant.io/aaves-atokens-are-latest-defi-lego-heading-to-layer-2

4. 2020년 암호화폐로 패시브 인컴 창출하기: 시장 리뷰

   https://hackernoon.com/earning-passive-income-from-cryptocurrency-in-2020-market-review-kzt3xom

# 탈중앙화 거래소

중앙집중화 거래소centralized exchange, CEX는 유동성이 풍부하고 대규모 거래가 가능한 반면, 사용자가 거래소에 보관 중인 자산에 대한 관리권을 행사할 수 없으므로 여러 가지 위험에 노출되어 있다. 예를 들어 2020년 9월 쿠코인KuCoin은 보안 침해 사고로 2억 8100만 달러(약 3,298억 원) 규모의 해킹을 당했다.[1]

사람들은 점차 CEX의 위험을 깨달으며 탈중앙화 거래소decentralized exchange, DEX로 옮겨가고 있다. DEX는 스마트 컨트랙트와 온체인on-chain 트랜잭션을 통해 운영되므로 중개자의 역할이 사라진다.

## 7.1 DEX의 종류

DEX에는 두 가지 종류가 있다.

---

1  https://www.coindesk.com/hackers-drain-kucoin-crypto-exchanges-funds

- 오더북<sub>order book</sub>(호가창) 기반

- 유동성 풀 기반

시중에서 인기 있는 탈중앙화 거래소로는 유니스왑<sub>Uniswap</sub>, 카이버 네트워크<sub>Kyber</sub> <sub>Network</sub>, 커브 파이낸스<sub>Curve Finance</sub>, 디와이디엑스, 스시스왑<sub>SushiSwap</sub> 등이 있다. 디와이디엑스 및 DeversiFi 같은 오더북 기반 DEX는 CEX와 유사하게 사용자 지정가 또는 시장가로 매수/매도 주문을 넣을 수 있다. CEX는 거래하려는 자산이 거래소 지갑(수탁 지갑)에 있는 반면, DEX의 경우 자산이 사용자 개인 지갑에 보관된다는 점에서 차이가 난다.

한편, 유니스왑 및 밸런서<sub>Balancer</sub> 같은 유동성 풀 기반 DEX는 사용자가 자산 풀에 유동성을 제공하여 시장 조성자 역할을 하도록 한다. 사용자는 자산을 예치함으로써 유동성 공급자<sub>liquidity provider, LP</sub>가 되어 본인이 공급한 자산 풀에서 발생한 암호화폐 교환 트랜잭션에 대해 소정의 수수료를 얻는다. 그러나 주로 자동화된 시장 조성자 메커니즘을 사용하는 여러 DEX 역시 사용자가 유동성 풀에 자산을 공급하면서 얻게 되는 임시적인 손해인 비영구적 손실<sub>impermanent loss</sub>은 피할 수 없다.

## 7.2 DEX의 한계

DEX도 분명 약점이 있다. 다음을 살펴보자.

### 1. 낮은 유동성

여전히 대다수의 암호화폐 거래가 중앙집중화 거래소에서 이루어진다. DEX의 오더북보다는 CEX의 오더북이 훨씬 매수/매도 주문 소화 능력<sub>market depth</sub>이 견고하기 때문에 사용자는 CEX에서 좀 더 좋은 가격에 거래를 할 수 있다.

유동성이 저조할 경우 DEX에서 거래하면 CEX보다 슬리피지<sub>slippage</sub>[2] 비용이 많이 발생하거나 가격 집행<sub>price execution</sub>을 제대로 하기 어려울 때가 있을 수 있다. 근래에

---

2    [옮긴이] 주문자가 매도/매수를 주문한 가격과 실제로 체결된 가격의 차이를 뜻한다.

는 DEX가 많이 알려지면서 인기 있는 암호화폐 거래 쌍trading pair의 교환이 증가하여 유동성이 크게 늘어나 DEX에서 거래할 때에도 CEX에 비견할 만한 결과가 나오기도 한다.

## 2. 기능적 한계

CEX에서는 다양한 고급 거래 기능을 활용할 수 있다. 안타깝지만 DEX에는 앞선 기능들이 아직 대부분 이루어지지 않고 있다.

일부 DEX에서 지정가 주문limit order을 도입하면서 더 나은 거래 경험을 선사하고 있다. 여러 DEX가 차차 고급 거래 기능을 도입하여 CEX와 대등한 거래 결과를 이루기 위해 노력 중이다.

## 3. 블록체인 호환성

현재 대부분의 DEX에서는 동일한 블록체인 내 암호토큰끼리의 스왑만 가능하다. 가령 이더리움 기반의 DEX에서는 이더리움과 ERC-20 토큰만 교환하도록 하고 있다. 이 때문에 폴카닷이나 코스모스Cosmos에서 발행된 토큰은 교환 대상으로 받아들이지 않는다. 이에 반해, CEX에서는 다양한 종류의 블록체인 기반 토큰들이 교환 가능하다. 현재 크로스체인cross-chain[3] DEX를 위한 노력이 진행 중이므로 미래에는 DEX에서도 충분히 블록체인을 넘나드는 암호 토큰 거래가 이루어지리라 본다.

## 4. 비용

디파이가 유행을 타자 이더리움 네트워크는 혼잡도가 심해졌다. 그러자 가스비도 대폭 상승했다. DEX에서의 거래 비용은 특히 성수기에 부담스러울 수 있다.

한계점은 잠시 접어두자. 아직 걸음마 단계에 있는 DEX에 대한 수요는 점차 증가하고 있다. 이어서 더 자세하게 DEX의 작동 메커니즘, 트랜잭션 종류, 단계별 사용 가이드에 대하여 살펴보자.

---

3　[옮긴이] 서로 다른 블록체인 사이에서도 안전하게 정보를 주고받을 수 있는 기술

## 7.3 유니스왑

유니스왑은 이더리움에 구축된 탈중앙화 거래소로서 중앙 거래소의 개입 없이 직접 토큰을 교환할 수 있다. 중앙집중화 거래소를 사용하면 1) 거래소에 토큰을 예치한 후 2) 오더북에 주문을 걸고 3) 교환이 완료된 토큰을 인출할 수 있다.

유니스왑에서는 위의 세 단계를 거치지 않고도 지갑에서 바로 토큰을 교환할 수 있다. 단순히 가지고 있는 지갑에서 유니스왑의 스마트 컨트랙트 주소로 토큰을 보내기만 하면, 그 지갑으로 교환하고자 하는 토큰을 받을 수 있다. 오더북은 필요 없다. 토큰 환율도 알고리즘으로 결정된다. 유동성 풀과 자동화된 시장 조성자 메커니즘이 이것을 가능하게 한다.

### 유동성 풀

유동성 풀은 유니스왑의 스마트 컨트랙트에 존재하는 토큰 보유고token reserve이다. 사용자는 유동성 풀 덕에 토큰을 교환할 수 있다. 100이더와 20,000다이가 있는 유동성 보유고에서 이더-다이 거래 쌍을 사용한다면, 다이를 가지고 이더를 매수하려는 사용자는 유니스왑 스마트 컨트랙트에 202.02다이를 송금하고 1이더를 받을 수 있다. 스왑이 이루어지면 유동성 풀에는 이제 99이더와 20,202.02다이가 남을 것이다.

유니스왑은 거래 금액의 0.3%에 해당하는 거래 수수료를 유동성 공급 규모에 비례하여 공급자들에게 나누어 지급하는 유인책으로 보유고를 유지한다. 수수료는 유니스왑에서 발생하는 모든 토큰 교환에 대해 부과한다.

이더와 거래 가능한 토큰을 공급하기만 하면 누구나 유동성 공급자가 될 수 있다.

2021년 1월 기준으로 230만 이더 이상이 유니스왑에 예치되어 있다.[4] 유동성 풀의 보유고 액수는 자동화된 시장 조성자가 가격 결정을 하는 데 큰 영향을 미친다.

## 자동화된 시장 조성자

풀에 예치된 각 자산의 가격은 자동화된 시장 조성자automated market maker, AMM의 알고리즘에 의해 결정된다. AMM은 $x \times y = k$ 공식에 따라 거래하는 토큰 쌍 $(x, y)$의 유동성 규모가 늘 상수($k$)로 유지되도록 운영된다. 이러한 방식을 상수 곱 시장 조정자constant product market maker, CPMM라고 한다.

앞에서 본 100이더와 20,000다이 이더-다이 쌍의 유동성 풀 예제로 돌아가보자. 상수 $k$를 일정하게 유지하기 위해 유니스왑은 두 가지 유동성 금액을 곱한다.

- 이더 유동성($x$) × 다이 유동성($y$) = 상수($k$)
- 100 × 20,000 = 2,000,000

AMM에서 상수 $k$는 늘 2,000,000으로 유지되어야 한다. 누군가 다이를 사용하여 이더를 매수하면, 이더는 유동성 풀이 감소하고 다이는 유동성 풀이 증가한다.

이더의 가격은 점근적으로asymptotically 결정된다. 즉, 매수 주문이 많을수록 청구되는 프리미엄도 늘어난다. 프리미엄이란 1이더를 매수하기 위해 (앞의 예제에서) 기존 200다이보다 추가로 필요해지는 다이의 양을 말한다.

다음 표를 보면 이더 매수가 일어날 때 가격이 점근적으로 결정되는 모습과 유동성의 변화를 알 수 있다.

표에서 알 수 있듯이 이더의 매수량이 증가할수록 프리미엄이 커진다. 이 덕에 유동성 풀은 고갈되지 않는다.

---

4   https://defipulse.com/uniswap

| 매수한 이더 | 1이더 비용<br>(단위: 다이) | 총 비용<br>(단위: 다이) | 프리미엄 | 변경된<br>다이 유동성 | 변경된<br>이더 유동성 | 상수 $k$ |
|---|---|---|---|---|---|---|
| 1 | 202.02 | 202.02 | 1.01% | 20,202.02 | 99 | 2,000,000 |
| 5 | 210.52 | 1,052.63 | 5.26% | 21,052.63 | 95 | 2,000,000 |
| 10 | 222.22 | 2,222.22 | 11.11% | 22,222.22 | 90 | 2,000,000 |
| 50 | 400 | 20,000 | 200% | 40,000 | 50 | 2,000,000 |
| 75 | 800 | 60,000 | 400% | 80,000 | 25 | 2,000,000 |
| 99 | 20,000 | 1,980,000 | 10,000% | 2,000,000 | 1 | 2,000,000 |
| 100 | 무한대 | 무한대 | 무한대 | 무한대 | 0 | 2,000,000 |

## 유니스왑에 토큰을 추가하는 법

유니스왑은 탈중앙화 거래소이기 때문에 중앙집중화 거래소처럼 토큰 상장 리스트를 평가하고 결정할 조직이나 문지기가 없다. ERC-20 토큰은 주어진 거래 쌍에 유동성이 존재하기만 하면 유니스왑에 상장되어 거래 가능하다. 사용자가 플랫폼에 접속하여 신규 토큰을 등록하기만 하면 그 토큰에 대해 새로운 시장이 열린다.

유니스왑에 대해서는 여기까지 하겠다. 바로 사용해보고 싶다면 1) 토큰 스왑부터 2) 유동성 공급, 3) 유동성 공급 철회까지 다루는 단계별 가이드를 따라가보자.

## 7.4 유니스왑 단계별 사용 가이드

**1단계(토큰 스왑)**

- 유니스왑 앱 페이지(https://app.uniswap.org)에 접속하면 기본적으로 토큰 스왑 페이지가 나올 것이다.

- 유니스왑을 사용하려면 먼저 지갑과 연결해야 한다. 여기에서는 메타마스크 지갑과 연결하겠다. 지갑에 연결하는 데에는 비용이 들지 않는다. 트랜잭션에 서명만 하면 된다.

## 2단계(토큰 스왑)

- 지갑 연결 후에는 교환을 원하는 토큰을 선택하고 금액을 입력한다. 이 예제에서는 이더를 매수하기 위해 다이를 사용했다.

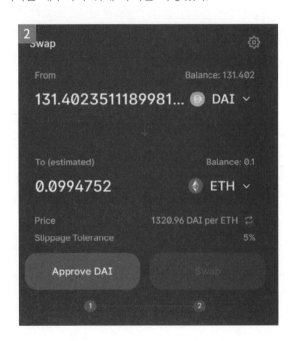

## 3단계(토큰 스왑)

- 각 토큰별로 최초 트랜잭션에 한하여 잠금을 풀기 위해 소정의 수수료를 지불해야 한다.

- 이어 트랜잭션을 수행하라는 메시지가 표시된다.

- 트랜색션이 승인되면 이더를 갖게 된다!

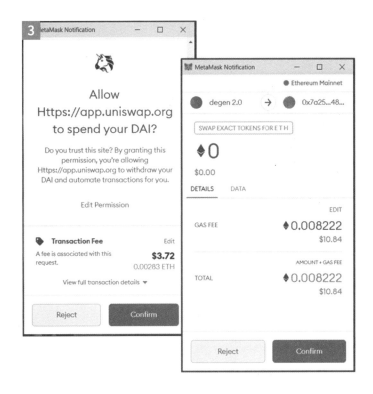

## 4단계(유동성 공급하기)

- 공급하고자 하는 금액을 입력하기 위해, 상단 메뉴에서 Pool(풀)을 눌러 풀 페이지로 이동한 후 New Position(새 포지션)[5]을 누르면 Add Liquidity(유동성 추가) 화면이 나온다. 예제에서는 다이와 이더를 선택 후 0.0380이더만큼의 유

---

5 　[옮긴이] 번역 시점에서 유니스왑 사이트는 한국어를 지원한다. New Position 메뉴는 '새로운 위치'라고 기계번역되어 있다.

동성에 해당하는 50다이를 공급한다고 입력했다.

- 토큰에 대한 유동성을 공급하려면 그만큼의 이더를 가지고 있어야 한다.
- 이제 해당 토큰에 대한 Approve(승인)를 클릭하면, 지급받게 될 풀 토큰의 액수를 확인할 수 있으며 트랜잭션에 서명하라는 메시지가 나올 것이다.
- 트랜잭션이 완료되면 유동성 공급자 대열에 합류할 수 있다. 이후 스왑이 발생할 때마다 상응하는 교환 수수료를 얻게 된다.

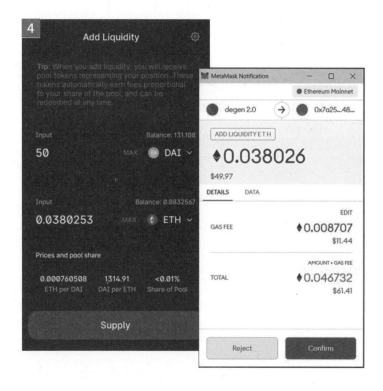

### 5단계(유동성 공급 철회하기)

- 더 이상 유동성 공급을 원하지 않을 경우 어떻게 해야 할까?
- 다시 풀 화면에서 현재 유동성을 공급하고 있는 토큰 쌍 중에서 유동성 공급을 중단하고자 하는 대상을 선택한다.

- 그림에서는 0.13다이를 덜 갖게 되고 이더는 아주 조금 더 갖게 된다.
- 이제 이더와 다이의 구성 비율이 달라진 것을 알 수 있다. 이 점이 유동성 풀에서 주의해야 할 점이다. 유동성 공급을 중단하는 시점에 따라 이더 대 다이의 비율은 달라질 것이다.
- 풀 토큰은 유동성 풀 중 사용자의 몫을 나타낸다. 유동성 공급을 철회하면 다이 및 이더를 회수하기 위해 풀 토큰을 소각한다.

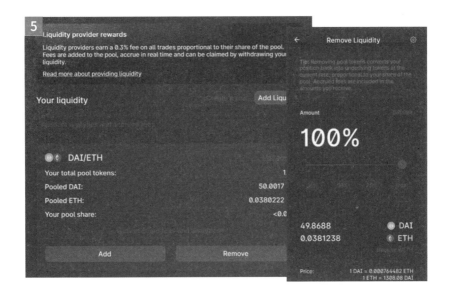

## 7.5 DEX 애그리게이터: 1인치

시중에는 다양한 DEX가 있고 DEX마다 유동성 풀이 존재한다. 거액의 토큰 교환을 원하는 거래자의 경우 높은 슬리피지와 가격 프리미엄이 초래될 수 있다. 슬리피지의 규모는 DEX의 유동성 정도에 따라 차이가 난다. 거래자는 슬리피지를 최소화하기 위해 여러 DEX를 통해서 나누어 토큰 교환을 진행할 수도 있다.

수동으로 거액의 토큰 교환을 여러 DEX를 통해 분할해서 진행하는 일은 매우 번거

롭다. 이럴 때 DEX 애그리게이터aggregator를 쓰면 작업이 단순해지고 가스비도 절약할 수 있다. 이름에서 알 수 있듯이 DEX 애그리게이터는 시중의 다양한 DEX에서 유동성을 풀링하여 거래자가 가장 좋은 가격에 거액의 토큰 교환을 할 수 있도록 거래자를 돕는다. 즉 대규모 교환을 자동으로 분할하여 여러 DEX를 통해 최적의 가격으로 거래를 성사한다.

DEX 애그리게이터의 예로는 1인치1inch, 파라스왑ParaSwap, 마차Matcha가 있다. 이 중 가장 널리 사용되는 1인치에 대해서 자세히 살펴보자.

## 1인치

1인치는 사용자가 토큰의 최적 교환 가격을 찾을 수 있도록 도와주는 DEX 애그리게이터이다. 집필 시점에서 1인치는 40개 이상의 유동성 원천을 가지고 있다. 1인치는 단일 DEX의 유동성 풀에서 토큰을 교환하는 게 아니라 복수의 유동성 풀에서 유동성을 집계하여 가장 효율적인 토큰 교환 조건을 제안한다.

거액의 토큰 교환을 원하는 사용자는 한 건의 트랜잭션을 진행하면서도 단일 유동성 풀이 아닌 복수의 유동성 풀을 통해 최적의 가격을 보장받고 가격 슬리피지 피해를 최소화할 수 있게 된다. 또한, 1인치를 통하면 다수의 DEX에서 개별적으로 발생했을 여러 건의 트랜잭션이 번들링bundling(묶음)을 통해 단 한 건으로 해결되므로 가스비 절감 효과도 누릴 수 있다.

1인치는 가장 낮은 비용으로 가장 유리한 가격에 토큰을 교환하는 최적의 교환 조건을 얻기 위해서 패스파인더Pathfinder라는 고유의 알고리즘을 사용한다. 패스파인

더는 유니스왑, 밸런서, 1인치 자체 유동성 프로토콜(구 무니스왑Mooniswap) 등 여러 DEX를 검색하여 최적의 토큰 교환 조건을 제공한다.

1인치 사용 수수료는 각 DEX에서 부과하는 수수료에 따라 다르다. 가령 유니스왑은 0.3%의 거래 수수료를 부과하며 수수료는 유니스왑의 유동성 공급자에게 돌아간다.

2020년 12월 25일, 1인치는 거버넌스 토큰 1INCH를 출시했다. 1INCH 토큰을 보유한 사용자는 1인치 거버넌스에 참여하고, 1인치의 미래를 결정지을 안건에 투표권을 행사할 수 있다. 예를 들어 토큰 보유자는 1인치의 유동성 풀, 거버넌스 보상, 추천 보상 등에 부과되는 토큰 교환 수수료를 결정할 때 투표할 수 있다.

1인치를 사용해보고자 한다면 다음 단계별 사용 가이드를 보고 트랜잭션을 실행하는 법을 배워보자.

## 7.6 1인치 단계별 사용 가이드

### 1단계

- 1인치 거래 페이지(https://app.1inch.io)에 접속한다.
- 우측 상단의 Connect Wallet(지갑 연결하기)를 클릭한다.

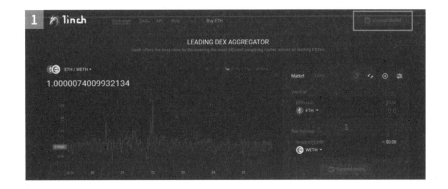

## 2단계

- 사용 약관을 확인했음에 체크한다.
- 연결할 지갑을 선택한다.

## 3단계

- 교환할 토큰 쌍을 선택한다.
- 이 예제에서는 이더를 랩트이더Wrapped Ether, WETH로 교환해보겠다.

## 4단계

- 스왑하고자 하는 토큰양을 입력하면 교환 후 받게 되는 토큰양이 표시된다.
- Give permission to swap(스왑 권한 부여)을 눌러 트랜잭션으로 권한을 부여한다. 토큰당 1회만 수행하면 된다.
- 제시된 가격이 마음에 든다면 SWAP(스왑)을 누른다.
- 지정가 주문의 경우는(클래식 모드Classic mode) 원하는 가격과 트랜잭션 수행 기한을 입력해야 한다.

## 5단계

- 교환 단가, 최소로 지급받는 토큰, 트랜잭션 비용이 표시된다. Confirm Swap(스왑 확인)을 클릭하여 트랜잭션을 수행한다.
- 지갑을 통해 트랜잭션을 확정한다.
- 트랜잭션이 문제없이 확정되면 임무 완료!

## 7.7 읽을거리

### 유니스왑

1. 유니스왑 시작하기
   https://docs.uniswap.org/sdk/2.0.0/reference/getting-started

2. 유니스왑 종합 가이드
   https://defitutorials.substack.com/p/the-ultimate-guide-to-uniswap

3. 그림으로 유니스왑 이해하기
   https://docs.ethhub.io/guides/graphical-guide-for-understanding-uniswap

4. 유니스왑 — 유니크한 거래소
   https://medium.com/scalar-capital/f4ef44f807bf

5. 유니스왑이란? 입문자를 위한 상세 가이드
   https://www.mycryptopedia.com/what-is-uniswap-a-detailed-beginners-guide/

6. 유니스왑 유동성 풀이 당신에게 유용할까?
   https://defiprime.com/uniswap-liquidity-pools

7. 유니스왑 소득 이해하기

https://medium.com/pintail/cc593f3499ef

8. 유니스왑 견인 요인 분석

https://www.covalenthq.com/blog/understanding-uniswap-data-analysis/

9. 유동성 풀 파헤치기

https://blog.zerion.io/8ac8cf8cf230

## 1인치

1. 1인치 거래소 리뷰

https://defirate.com/1inch

2. 1인치 거래소, 무니스왑과 치 가스토큰Chi Gastoken: 종합 리뷰 및 가이드

https://boxmining.com/1inch-mooniswap-chi-gastoken

3. 1인치에서 거래하기 입문자 가이드

https://blog.1inch.io/693d9f801a51

# CHAPTER 8

# 탈중앙화 파생상품

파생상품derivative은 주식, 원자재, 외환, 지수, 채권, 금리와 같은 기초 자산underlying asset과 가격이 연동되는 계약 형태를 말한다. 파생상품은 목적에 따라 선물futures, 옵션option, 스왑swap으로 나뉘며 투자자는 필요에 따라 파생상품을 매도/매수한다.

투자자는 기초 자산의 가격 변동성을 헤지hedge하기 위해, 또는 기초 자산의 가격 동향을 파악하기 위해, 또는 보유한 기초 자산을 레버리지로 활용하기 위해 파생상품을 거래하곤 한다. 파생상품은 손실에 대한 위험이 매우 크다. 따라서 해박한 재무 지식과 전략을 가지고 접근해야 한다.

집필 시점에서 디파이 파생상품 디앱의 시가총액은 58억 2천만 달러로 디파이 시장 전체 중 8.2%를 차지한다. 탈중앙화 파생상품은 이더리움의 가스비가 높아 초기에 시장에서 더 빨리 수용되는 데 한계가 있었다. 다른 디파이 업종, 가령 대출 시장의 시가총액(106억 8천만 달러)과 비교했을 때 상대적으로 저조한 수준이다.

시중에는 다양한 디파이 파생상품 프로토콜이 존재한다. 이 책에서는 그중 주류에 속하는 신세틱스Synthetix와 오픈Opyn에 대해서 알아보겠다.

신세틱스는 이름에서 알 수 있듯이 신스Synth라는 이더리움상의 합성 자산synthetic asset을 위한 프로토콜이다. 신세틱스는 크게 합성 자산인 '신스'와 거래소 '신세틱스 거래소Synthetix Exchange' 두 부분으로 구성된다. 신세틱스는 신스의 발행과 거래를 도맡고 있다.

## 합성 자산 신스

신스는 임의의 다른 자산과 동일한 가치/효과를 가진 자산 또는 여러 자산의 혼합물을 말한다. 신스는 실물 자산의 가격을 추종하도록 설계되어 있다. 따라서 실물 자산을 보유하지 않고도 해당 자산에 투자하는 효과를 볼 수 있다.

신스에는 일반 신스normal synth과 인버스 신스inverse synth가 있다. 일반 신스는 기초 자산과 양의 상관관계에 있고, 인버스 신스는 기초 자산과 음의 상관관계에 있다.

예를 들어 신세틱 골드Synthetic Gold, sXAU는 금 가격을 추종한다. 신세틱스는 체인링크Chainlink 서비스를 활용하여 원자재 가격을 추종한다. 체인링크는 데이터 변조를 방지하기 위해, 신뢰할 수 있는 여러 제3자 출처로부터 가격 피드를 얻는 스마트 컨트랙트 오러클oracle[1]이다.

---

1  옮긴이 블록체인 외부에서 데이터를 가져오는 기술/서비스

이와 반대로 인버스 신스의 예로는 비트코인 인버스Inverse BTC, iBTC를 들 수 있다. iBTC는 비트코인의 가격을 역으로 추종한다. 시작가entry price, 하한가lower limit, 상한가upper limit 세 가지 관련된 키 값이 존재한다.

iBTC를 예로 들어 설명하겠다. iBTC가 만들어질 때 비트코인 가격이 1만 600달러였다고 하자. 이 가격이 바로 시작가가 된다. 그런데 비트코인 가격이 400달러 하락하여 1만 200달러가 된다면, 비트코인 인버스의 가격은 400달러 상승하여 1만 1000달러가 된다. 반대로 비트코인 가격이 1만 1000달러로 오르면 비트코인 인버스의 가격은 1만 200달러로 떨어진다.

인버스 신스는 시작가를 기준으로 ±50% 범위 내에서 상한선과 하한선이 정해진 채거래된다. 따라서 인버스 신스에서 얻을 수 있는 최대 이익 또는 손실은 한도가 정해져 있다. 상한선 또는 하한선에 도달하면 해당 토큰의 거래가 동결되고 정산이 되는데 이때 해당 인버스 신스는 신세틱스 거래소에서 동결된 환율만큼 환전된다. 이후 새로운 시작가가 책정되면 상한선 및 하한선이 재설정되면서 거래가 재개된다.

## 신스가 매력적인 이유

위에서 언급했듯이 신스는 실물 자산의 가격을 추종하도록 설계되어 있어 실물 자산을 보유하지 않고도 해당 자산에 투자하는 효과를 볼 수 있다. 기존의 금 브로커와 비교했을 때 신세틱 골드sXAU는 거래자가 시장에서 겪는 수고로움을 대폭 줄여준다(회원 가입 절차, 실물 이동, 중개자 모두 없다).

신스에서 취급하는 자산들은 서로 장애 요소 없이frictionless 교환 가능하므로 유용하다. 신세틱 골드는 신세틱스 거래소에서 쉽게 신세틱 JPYSynthetic JPY, 신세틱 실버Synthetic Silver, 신세틱 비트코인Synthetic Bitcoin으로 교환할 수 있다. 즉, 이더리움 지갑만 있으면 실물 자산에 투자할 수 있는 경로가 확보된 셈이다.

## 신스 생성하는 방법

신스의 탄생 과정은 메이커에서 다이가 생성되는 과정과 비슷하다. 메이커에서 취급하는 담보물을 기반으로 다이를 생성하려면 우선 이더를 메이커의 스마트 컨트랙트에 담보로 스테이킹staking해야 한다.

신스를 생성하기 위해서는 우선 시스템 전반에서 신스의 가치를 보장하기 위한 담보물인 신세틱스 네트워크 토큰SNX을 스테이킹해야 한다. SNX는 이더에 비해 유동성이 낮고 가격 변동성은 큰 편이다. 따라서 최소 담보 비율이 메이커는 150%인 데 비해 신세틱스는 500%로 꽤 크다.

이 말인 곧 $100 상당의 신세틱 USDsUSD를 발행하려면 최소 $500 상당의 SNX가 담보로 필요하다는 뜻이다. 2021년 1월 기준 사용자가 발행할 수 있는 신스는 sUSD가 유일하다.

신스 발행 시스템은 상당히 복잡하다. 스테이킹한 사용자는 부채를 떠안아야 하는데 부채 규모는 전 세계 부채 풀에서 신스가 갖는 가치의 총량에 따라 변동한다. 예를 들어 시스템 안에서 신스의 100%가 신세틱 이더리움sETH이고 이더 가격이 두 배로 뛰면 스테이킹한 사람을 포함한 모든 사용자의 부채도 두 배가 되는 구조다.

일단 발행이 완료된 신스 토큰은 신세틱스 거래소 또는 유니스왑 같은 탈중앙화 거래소에서 교환 가능하다.

신스를 교환하고는 싶은데 직접 발행하거나 그로 인해 부채를 얻는 게 싫다면 탈중앙화 거래소를 통해 매수할 수도 있다.

## 다양한 신스

집필 시점에서 신스에는 다음의 주요 5가지 부류가 있다.[2]

---

2    전체 목록은 신세틱스 공식 문서에서 볼 수 있다. https://docs.synthetix.io/tokens/list

1. **암호화폐:** 이더리움, 비트코인, 대시DASH, 카르다노ADA, 이오스EOS, 이더리움 클래식 ETC, 모네로XMR, 바이낸스 코인BNB, 테조스XTZ, 트론TRX, 라이트코인Litecoin, LTC, 체인링크LINK, 리플XRP, 렌REN, 아베AAVE, 컴파운드COMP, 유니스왑UNI, 연파이낸스Yearn Finance, YFI, 폴카닷DOT

2. **원자재:** 금XAU, 은XAG, 석유OIL

3. **외환:** USD, AUD, CHF, JPY, EUR, GBP

4. **지수(인덱스):** 중앙집중화 거래소 지수CEX, FTSE 100 지수FTSE, 닛케이 225 지수NIKKEI, 디파이 지수DEFI

5. **주식:** 테슬라TSLA


## 인덱스 신스

신세틱스에서 흥미로운 상품 중 하나인 인덱스 신스에 대해 알아보자. 집필 시점에서 sCEX, sDEFI, sFTSE, sNIKKEI 이렇게 네 가지 인덱스 신스가 존재한다.

인덱스 신스란 여러 종류의 기초 토큰을 묶어 거래자가 그 기초 토큰들을 직접 매수하지 않고도 투자하는 효과를 볼 수 있도록 기획한 상품이다. 인덱스 신스의 지수는 실물 기초 토큰 가격 변동 추이를 따라간다. 인덱스 신스는 거래자가 토큰을 보유하거나 관리할 필요 없이 간접적으로 특정 산업 부문에 투자할 수 있는 기회를 제공하는 동시에 위험 분산 효과도 누릴 수 있게 한다.


### sCEX

sCEX는 중앙집중화 거래소의 토큰들을 묶어 투자할 수 있도록 만든 인덱스 신스이다. 인덱스 신스 토큰 구성비는 실제 토큰들의 시가총액 합에서 개별 토큰의 시가총액이 차지하는 비중weighted market capitalization에 근사되도록 설계되어 있다. 현재 sCEX 지수는 바이낸스 코인BNB, 크립토닷컴CRO, 비트파이넥스Bitfinex의 레오 토큰LEO, 후오비토큰HT, OKEx 토큰OKB, FTX 토큰FTT, 쿠코인 셰어KCS로 구성되어 있다.

sCEX의 인버스 형태인 iCEX도 있으며, 앞에서 설명한 다른 인버스 신스와 같은 방식으로 운영된다.

## sDEFI

디파이에 대한 관심이 높아지면서, 디파이 생태계의 여러 유틸리티 토큰의 가치를 추종하는 인덱스 신스 sDEFI가 출시되었다. 현재 sDEFI 지수는 아베AAVE, 신세틱스 네트워크 토큰SNX, 유니스왑UNI, 메이커MKR, 밸런서BAL, 컴파운드COMP, 커브CRV, 카이버 네트워크KNC, 렌REN, 스시스왑SUSHI, 우마UMA, 연파이낸스YFI, 1인치1INCH, 뱅코르BNT로 구성되어 있다.

sDEFI의 인버스 형태는 iDEFI라고 부른다.

이외에 sFTSE와 sNIKKEI는 체인링크 오러클이 제공하는 가격 피드를 통해 FTSE 100과 NIKKEI 225 가격을 추종한다.


## 신세틱스 거래소

신세틱스 거래소는 SNX 및 신스의 교환 거래를 위해 고안된 탈중앙화 거래소 플랫폼이다. 신세틱스 거래소는 오더북이 없고, 유니스왑처럼 유동성 풀도 운영하지 않는다. 신세틱스 거래소는 오더북 없는 실시간 단일 가격 교환 방식으로, 항상 충분한 유동성을 유지하는 스마트 컨트랙트를 통해 직접 토큰 및 자산을 교환, 거래할 수 있는 환경을 제공한다. 따라서 이론적으로 슬리피지 손실 또는 유동성 부족 등의 위험이 경감된다.

신세틱스 거래소 사용자는 기초 자산을 실제로 매수하는 게 아니라 신세틱스 계약을 구입하는 상황이기 때문에 해당 컨트랙트의 가격에 일체 영향 없이 시스템이 가진 담보액만큼 매수할 수 있다. 예를 들어 CEX에서 누군가 1천만 달러어치의 비트코인을 매수 또는 매도하는 일이 발생한다면 예상컨대 엄청난 슬리피지 손실이 일어날 것이다. 그러나 신세틱스 거래소의 경우에는 사용자가 신세틱스 계약에 대하여 교환 거래를 신청하는 것이기 때문에 손실이 발생하지 않는다.

신세틱스에 대해서는 여기까지 하겠다. 바로 사용해보고 싶다면 신스를 발행하는 법에 관한 단계별 사용 가이드를 따라 해보기 바란다.

## 8.2  신세틱스 단계별 사용 가이드

### 1단계

- 신스를 발행하려면 우선 담보물로 사용할 SNX가 필요하다.
- SNX가 없다면 SNX를 교환할 수 있는 거래소에서 SNX를 확보할 수 있다. 이 예제에서는 유니스왑에서 ETH를 SNX로 스왑하겠다.
- 유니스왑 스왑 페이지(https://app.uniswap.org/#/swap)에서 지갑을 연결하고 SNX로 스왑할 ETH의 액수를 기입한다.

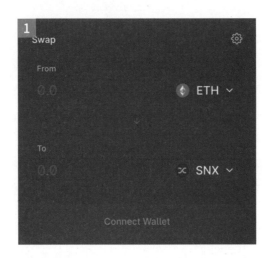

### 2단계

- 신스를 발행하기 위해 신세틱스 스테이킹 페이지(https://staking.synthetix.io)에 접속한다.

- 먼저 화면 우측 상단에서 메타마스크 등 지갑을 연결한다.

- 지갑을 연결하면 화면이 바뀐다. MINT sUSD(sUSD 발행하기)를 클릭한다.

### 3단계

- MINT MAX(최대로 발행하기) 또는 MINT CUSTOM(발행 금액 입력하기) 중 원하는 것을 선택할 수 있다.

- 이 예제에서는 MINT MAX를 선택했다(필자 지갑에 든 15.93 SNX를 사용).

## 4단계

- 발행 가능한 수량은 신스에 대한 SNX의 담보 비율에 따라 다르다.
- C-RATIO 항목을 보면 통해 담보 비율이 500%임을 확인할 수 있다(집필 시점 기준).
- 따라서 $275.55[3]를 500%로 나누면 약 55.06 sUSD가 된다.
- MINT sUSD를 클릭한다.

---

3  울긴이 집필 시점에서 1 SNX의 가치는 $17.29였고, 따라서 15.93 SNX의 가치는 $275.55에 해당한다.

## 5단계

- 메타마스크 팝업이 뜨면 Confirm(확인)을 클릭한다.

- 트랜잭션이 처리되는 동안 웹사이트에는 신스 발행 진행률이 표시된다.

## 6단계

- 트랜잭션이 완료되면 지갑 잔고에 sUSD가 발행되어 추가된 것을 확인할 수
  있다.

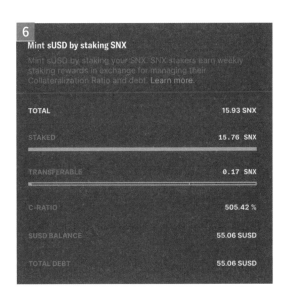

## 오픈

오픈Opyn은 자산 가격 변동성에 대한 방어 기제 및 스마트 컨트랙트를 대상으로 한 보험의 기능을 제공한다. 사용자는 이더ETH, 랩트비트코인WBTC, 연파이낸스YFI, 유니스왑UNI, 디파이펄스 인덱스DPI, 그리고 컴파운드의 USDC 및 DAI 예치금을 보호받을 수 있다.

오픈은 스마트 컨트랙트 침해 사고에 대한 위험뿐만 아니라, 재정적 위험 및 관리적 위험도 보장한다. 오픈은 이 기능을 제공하기 위해 금융 파생상품 중 옵션을 활용한다.

## 옵션

옵션에는 두 가지 종류가 있다. 콜 옵션과 풋 옵션이다. 콜 옵션은 특정 기간 내에 약정된 가격으로 자산을 매수할 수 있는 권리이다(의무는 아니다). 반면, 풋 옵션은 특정 기간 내에 약정된 가격으로 자산을 매도할 수 있는 권리이다(의무는 아니다).

옵션을 매수하려면 옵션을 매도하려는 자가 있어야 한다. 옵션 매수자는 옵션 매도자에게 프리미엄을 주고 이 권리를 얻을 수 있다.

다음 그림에서 핼러윈 코스튬에 대한 콜 옵션 비유를 살펴보면 이해하기가 쉬울 것이다.

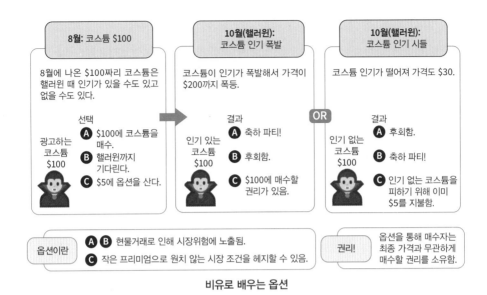

비유로 배우는 옵션

옵션은 크게 미국식과 유럽식 두 가지가 있다. 두 옵션의 차이점은 이렇다. 미국 옵션은 매수자가 만료일 전에 언제든지 옵션을 행사할 수 있는 반면, 유럽 옵션은 약정된 날짜에만 옵션을 행사할 수 있다.

## 오픈의 운영 방식

오픈 사용자는 가격 변동성, 스마트 컨트랙트 침해 공격, 관리/거버넌스 위험, 블랙스완 사태 발생 등의 위험을 헤지할 수 있다. 가령 오픈을 통해 이더 및 랩트비트코인에 대한 풋 옵션을 매수할 수 있다.

또한, 오픈을 사용하는 거래자는 이더를 매도할 수 있는 권리로 사용되는 o토큰을 구입하여 이더의 가격이 폭락하는 경우 USDC를 돌려받을 수 있어 손실 위험에 대한 보호책을 마련할 수 있다.

예를 들어 한 사용자가 2,400달러의 행사 가격으로 이더 한 개에 대한 풋 옵션을 구매했다고 가정해보자. 그런데 이더 가격이 행사 가격 아래로(가령 2천 달러) 떨어졌다. 이때 오픈의 o토큰 풋 옵션을 행사하면 가격 차이(400달러)만큼 현금을 환급받을 수 있다. 옵션 매수 시 프리미엄이 붙지만(프리미엄 액수는 시장 참여자마다 조금씩 다르다) 예상치 못한 막대한 손실을 막을 수 있다는 편익이 비용보다 압도적으로 크다. 옵션을 행사하기 위해 중앙집중화 기관을 상대할 일이 없기 때문에 진정한 탈중앙화 보험 플랫폼이라 할 수 있다.

## 옵션의 가격

오픈에서 옵션 가격과 보험료는 프로토콜, 옵션 유형, 보장 기간 및 보장 금액cover amount에 따라 다르게 책정된다. 오픈 V1의 경우 오픈에서 발행된 o토큰이 유니스왑 등의 DEX에서 교환 거래된다. 오픈 V2의 경우 옵션 구매자와 판매자가 지정가 주문을 넣을 수 있는 오더북 모델을 통해 옵션이 거래된다. 그러나 o토큰의 가치는 여전히 특정 프로토콜에 대한 옵션의 공급과 수요에 따라 변동한다.

옵션 가격은 일반적으로 옵션의 내재 가치를 반영하여 책정된다. 예를 들어 풋 옵션의 행사 가격이 2천 달러이고 자산의 현재 가격이 1천 달러인 경우, 풋 옵션의 가격은 최소한 자산 가격과 행사 가격의 차이 이상이 될 것이라 생각할 수 있다. 그렇다면 옵션은 최소 1천 달러이다. 다만, 옵션의 시간 가치 잠식time decay 또는 자산 가치가 폭락하는 외부 요인이 있는 경우 옵션 프리미엄이 할인discount되기도 한다.

한 가지 유용한 팁이 있다. o토큰의 가격이 수요와 공급에 따라 결정된다는 사실을 이용하여 옵션의 가격이 고평가인지 저평가인지 가늠해볼 수 있다. 사람들이 옵션이 저평가라고 생각하는 경우 o토큰을 더 많이 매수하기 시작할 것이고, 그러면 o토큰의 가격은 수요 증가로 상승한다.

## 오픈에서 보험을 판매하는 이유

오픈에서 한 명의 보험 매수자(풋 옵션 매수자) 뒤에는 반드시 한 명의 보험 제공자(풋 옵션 매도자)가 존재한다. 오픈에서 보험 제공자가 되면 소유한 ETH, YFI, UNI, WBTC, DPI에 대해 이자 수익을 얻을 수 있다.

이자 수익을 얻으려면 우선 오픈의 스마트 컨트랙트에 앞서 말한 암호화폐들을 담보로 제공해야 한다. 판매된 보험에 따라 담보 비율 수치가 다르다. 컴파운드 예치금의 담보 비율은 140%이며, 이를 제외한 모든 풋/콜 옵션의 담보 비율은 100%이다.

담보를 제공하면 비로소 o토큰을 발행할 수 있다. 그다음 유동성 공급자가 되거나 o토큰을 매도하는 두 가지 방법으로 프리미엄을 얻을 수 있다.

## 1. 유니스왑에서 유동성 공급자 되기

유니스왑에서 유동성 공급자가 되면 유니스왑을 통해 오픈 플랫폼에서 매매 거래하는 개인들로부터 거래 수수료의 일부를 수익으로 가져갈 수 있다. 유동성 공급자들은 유니스왑에 유동성을 제공한 대가로 거액의 수익원을 다양한 방법으로 창출할 수 있다. 유동성 공급자들은 필요하면 언제든 제공했던 자금을 인출할 수 있다. 이 책 7.3절에서 유니스왑에서 유동성을 제공하는 방법에 대한 단계별 가이드를 확인할 수 있다.

## 2. 유니스왑에서 o토큰 매도하기

발행된 o토큰은 유니스왑에서 매도할 수 있다. 유니스왑에서 얻을 수 있는 o토큰 매도 수익은 오픈의 거래 화면에서 계산할 수 있다. 컴파운드 예치금에 대한 보험 수익은 무보험 수익과 보험 수익의 차를 계산하면 되고, 기타 자산에 대한 콜 옵션 및 풋 옵션에 대한 수익 역시 확인 가능하다.

제공한 담보물을 대가로 얻는 프리미엄은 상당히 크다. 그러나 고수익은 위험을 동반한다. 풋 옵션 매도자는 수익을 얻는 대신 어떤 재해(예를 들어 해킹 등 기술적 위험이나 다이의 달러 페깅 상태가 깨진다거나 컴파운드에서 뱅크런이 일어난다는지 하는 등의 금융적 위험)도 일어나지 않는다고 배팅하게 된다. 또한 풋 옵션 매도자는 청산당하지 않기 위해 각 자산에 해당하는 담보 비율을 유지해야 한다.

## 오픈은 안전한가

오픈은 공개적으로 검증 가능한 스마트 컨트랙트를 가지고 있으며, 스마트 컨트랙트 감사 업체인 오픈제플린OpynZeppelin으로부터 감사를 받았다. 보고서 전문은 오픈제플린 블로그(https://blog.openzeppelin.com/opyn-contracts-audit)에서 확인 가능하다.

오픈은 비수탁형non-custodial인 동시에 무신뢰성trustlessness을 띠며 인센티브에 의존하여 운영된다.


## 오픈 V2

오픈 V2는 2020년 12월 30일에 출시되었으며, 감마 프로토콜Gamma Protocol이라고 불린다(V1은 볼록성 프로토콜Convexity Protocol로 불렸다). V1은 실물 결제 방식인 미국식 옵션을 제공한 반면, V2는 현금 결제 방식인 유럽식 옵션을 제공한다.

V2는 V1과 비교했을 때 상품이 달라졌을 뿐만 아니라 추가된 기능도 많다.

- 마진이 개선되었다. 사용자는 풋 크레디트 스프레드 및 풋 데빗 스프레드를 생성할 수 있어 자본 효율성이 크게 향상된다.

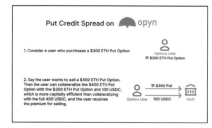 

- 내가격in-the-money[4] 옵션은 만료되면 자동 실행된다.
- 특정 자산이 화이트리스트에 오르면 누구나 새로운 옵션을 만들 수 있다.
- 이자 생산yield-bearing 자산(예로 c토큰, a토큰, y토큰 등)이 담보물로 쓰일 수 있다.

---

4 [옮긴이] 기초 자산 가격이 행사 가격보다 높을 때, 즉 옵션이 양(+)의 이득을 내는 범위에 있을 때를 가리킨다.

V2 옵션은 제로엑스 거래소에서 교환 거래 가능하다. 오픈 V2가 출시되었지만 V1도 여전히 동작한다. 집필 시점에서 V2는 랩트이더WETH에서만 옵션을 지원한다.

자, 이제 오픈 V1 및 V2에서 풋 옵션을 매수하는 방법을 알아보자.

## 8.4  오픈 V1 단계별 사용 가이드

### 1단계

- 오픈 V1 페이지(https://v1.opyn.co)에 접속한 후, Buy Protection(보험 매수)를 클릭한다.[5] 랩트이더에 대한 보험을 들어보겠다.

### 2단계

- 보험 매수 페이지를 보면 오픈에서 제공하는 옵션들이 나열되어 있다.
- 이더 풋 옵션에 대한 리스트가 나올 때까지 스크롤한 후, 선택한 풋 옵션에서 Buy(구매)를 클릭한다.

---

5   [옮긴이] 번역 시점에서 V1 페이지에는 어떤 목록도 나타나지 않는다. V2 페이지를 이용하자.

### 3단계

- 풋 옵션 매수를 클릭하면 더 자세한 설명이 제공된다.
- 만약 Continue Purchase(계속 구매하기) 버튼이 비활성 상태라면 DEX로 가서 이더를 래핑wrapping해야 한다.
- Continue Purchase 버튼을 클릭한다.

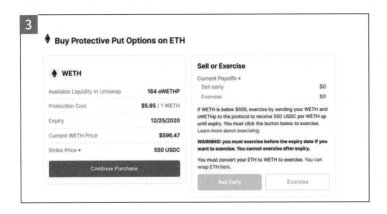

### 4단계

- 대화 상자가 나타난다. 보장받을 랩트이더 액수와 어떤 자산으로 청구받을지 설정한다.
- 세부 내역을 다시 한번 확인한 후, 트랜잭션을 승인하기 위해 Confirm(확정)을 클릭한다.

## 5단계

- 거래가 승인되면 오픈은 해당 거래를 화면에 나타낸다.

- 이제 이더 가격 하락에 대해 보험을 들었다!

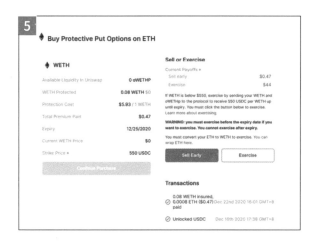

## 8.5 오픈 V2 단계별 사용 가이드

### 1단계

- 오픈 V2 페이지(https://v2.opyn.co)에 접속한다. 랩트이더에 대한 보험을 들어보겠다.

- 하단에 옵션 목록이 보이지 않으면 Show only options with liquidity(유동성이 있는 옵션만 보기)를 해제한다.

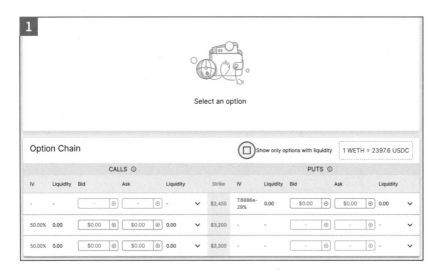

### 2단계

- 좌측 상단에서 만료 일자를 선택할 수 있다. 예제에서는 2021년 4월 30일로 설정했다.

- 오른쪽 PUTS(풋 옵션)에서 원하는 Strike(실행 가격)을 선택한다. 예제에서는 $1,280에 해당하는 옵션을 선택했다.

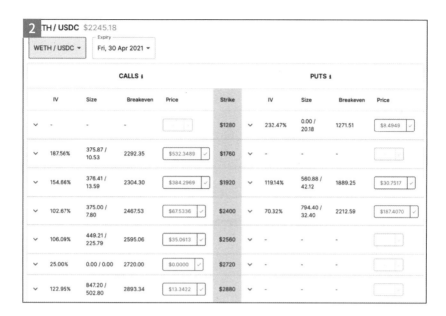

| | | | 2 TH / USDC $2245.18 | | | | | | |
|---|---|---|---|---|---|---|---|---|---|
| | | | WETH / USDC ▾ | Expiry Fri, 30 Apr 2021 ▾ | | | | | |

| | CALLS ⌄ | | | | Strike | | PUTS ⌄ | | |
|---|---|---|---|---|---|---|---|---|---|
| | IV | Size | Breakeven | Price | | IV | Size | Breakeven | Price |
| ⌄ | - | - | - | [ ] | $1280 | ⌄ | 232.47% | 0.00 / 20.18 | 1271.51 | [$8.4949 ✓] |
| ⌄ | 187.56% | 375.87 / 10.53 | 2292.35 | [$532.3489 ✓] | $1760 | ⌄ | - | - | - | [ ] |
| ⌄ | 154.66% | 376.41 / 13.59 | 2304.30 | [$384.2969 ✓] | $1920 | ⌄ | 119.14% | 560.88 / 42.12 | 1889.25 | [$30.7517 ✓] |
| ⌄ | 102.67% | 375.00 / 7.80 | 2467.53 | [$67.5336 ✓] | $2400 | ⌄ | 70.32% | 794.40 / 32.40 | 2212.59 | [$187.4070 ✓] |
| ⌄ | 106.09% | 449.21 / 225.79 | 2595.06 | [$35.0613 ✓] | $2560 | ⌄ | - | - | - | [ ] |
| ⌄ | 25.00% | 0.00 / 0.00 | 2720.00 | [$0.0000 ✓] | $2720 | ⌄ | - | - | - | [ ] |
| ⌄ | 122.95% | 847.20 / 502.80 | 2893.34 | [$13.3422 ✓] | $2880 | ⌄ | - | - | - | [ ] |

## 3단계

- 오른쪽에 세부 내역을 보여주는 구역이 표시될 것이다. 이 창을 통해 세부 비용 내역과 합계를 알 수 있다.
- 구매하고자 하는 o토큰의 액수를 입력한다.
- APPROVE USDC(USDC 지불 승인) 버튼을 클릭하고 거래 수수료도 지불한다.

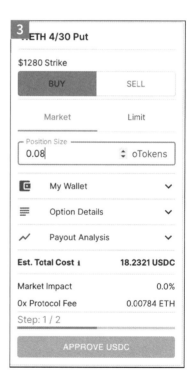

**3** WETH 4/30 Put

$1280 Strike

| BUY | SELL |
|---|---|

| Market | Limit |
|---|---|

Position Size

0.08 ⇕ oTokens

🔳 My Wallet ⌄

≡ Option Details ⌄

〜 Payout Analysis ⌄

**Est. Total Cost ⓘ**     **18.2321 USDC**

Market Impact     0.0%

0x Protocol Fee     0.00784 ETH

Step: 1 / 2

APPROVE USDC

## 4단계

- BUY OTOKEN(o토큰 구매)를 클릭한다.
- 이제 이더 가격 하락에 대한 보험을 들었다!
- 2021년 4월 30일 이더의 가격이 $1,280 보다 낮으면 o토큰을 행사할 수 있는 선택권이 부여되었다.

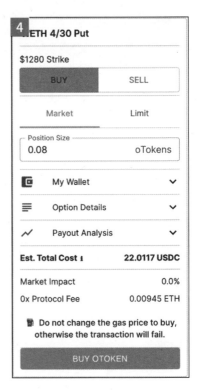

# 8.6 읽을거리

## 신세틱스

1. **암호화폐 파생상품과 대출, 그리고 스테이블코인에 관하여**
   https://blockgeeks.com/guides/defi-use-cases/#_Tool_2_DeFi_Derivatives

2. **디파이 활용 사례: 탈중앙화 금융의 모범 사례**
   https://hackernoon.com/crypto-derivatives-lending-and-a-touch-of-stablecoin-59e727510024

3. **신세틱스 종합 가이드**
   https://defitutorials.substack.com/p/the-ultimate-guide-to-synthetix

4. **신세틱스**
   https://fitznerblockchain.consulting/synthetix

5. 신세틱스 천재반

   https://medium.com/TwiceCrypto/477a0760d335

6. 디파이 속 신세틱 금융 수단: 신세틱스

   https://www.decentralised.co/understanding-synthetix

7. 디파이 속 신세틱 자산: 활용 사례 및 기회

   https://medium.com/bollinger-investment-group/19b11f57a776

8. 신세틱스의 가치와 위험 요인

   https://medium.com/the-spartan-group/45204346ce95

## 오픈

1. 볼록성 프로토콜 안내

   https://twitter.com/snarkyzk/status/1194442219530280960

2. 옵션 프로토콜이 컴파운드에 예치된 디파이 자산에 보험 역할을 하다

   https://www.coindesk.com/business/2020/02/12/options-protocol-brings-insurance-to-defi-
   deposits-on-compound

3. 오픈 시작하기

   https://opyn.gitbook.io/opyn

4. 오픈, 디파이 사용자를 위한 보험 플랫폼을 출시하다

   https://medium.com/opyn/fdcabaca7d97

5. 이더리움에서 일어나는 탈중앙화 보험의 영역 살펴보기

   https://blockonomi.com/decentralized-insurance-ethereum

# 탈중앙화 펀드 운용

펀드 운용이란 자산을 모니터링하고 투자 수익을 창출하기 위해 현금 흐름을 관리하는 일이다. 여러 디파이 혁신가들이 암호화 자산을 더 잘 관리할 방법을 탈중앙화 방식으로 구현하고 있다.

탈중앙화 펀드 운용은 투자 매니저의 개입 없이 가능하다. 사람 대신 알고리즘의 도움으로 거래가 자동화된다. 이로써 사용자가 본인의 재정적 상황에 최적화된 펀드 운용 전략을 스스로 선택할 수 있으며, 발생 수수료도 절감된다.

탈중앙 원장 또는 분산 원장에서의 펀드 운용법을 이해하기 위해 토큰세트TokenSets 라는 플랫폼을 소개한다.

## 9.1 토큰세트

토큰세트는 암호자산 사용자가 포트폴리오 운용 전략이 포함된 ERC-20 토큰인 세트Strategy Enabled Token, SET를 매수할 수 있는 플랫폼이다. 이 토큰은 자동화된 펀드 운용 전략을 내재하고 있어 사용자가 직접 거래 전략을 세우고 실행하지 않고도 편리하게 암호화폐 포트폴리오를 운용할 수 있다. 사용자는 자동화된 거래 전략을 통해 24시간 시장 모니터링을 할 필요가 없다. 따라서 투자 기회를 놓치거나 감정에 치우친 거래를 할 가능성을 낮출 수 있다.

세트는 사용자가 택한 전략에 따라 자산 리밸런싱rebalancing[1]을 자동으로 실행하는 여러 암호화폐가 한곳에 모인 ERC-20 토큰이다. 다시 말해 SET는 본질적으로 토큰의 형태를 띠면서 암호화폐 거래 전략을 구현한다.

## 9.2 세트의 종류

이 책의 초판에서 다뤘던 소셜 세트Social Trading Sets 및 로보 세트Robo Sets는 2021년 초반부터 운영이 중단되었다. 이에 여기에서는 1) 인덱스 세트Index Sets와 2) 이자 농사 세트Yield Farming Sets에 대해 소개하겠다.

## 9.3 인덱스 세트

인덱스 세트를 활용하면 여러 자산을 개별적으로 구매하는 대신 하나의 토큰을 구

---

1 　[옮긴이] 운용하는 자산의 편입 비중을 재조정하는 일

입하여 복수의 자산에 투자하는 효과를 얻을 수 있으며 가스비도 절감된다. 가장 인기 있는 인덱스 세트는 디파이펄스 인덱스DeFi Pulse Index, DPI인데, 시가총액가중지수 market capitalization-weighted index 방식으로 다수의 디파이 토큰의 가격을 추종한다.

집필 시점에서 DPI는 14가지 디파이 자산을 포함한다.

1. **유니스왑**UNI

2. **아베**AAVE

3. **신세틱스 네트워크 토큰**SNX

4. **스시스왑**SUSHI

5. **메이커**MKR

6. **컴파운드**COMP

7. **연파이낸스**YFI

8. **렌**REN

9. **루프링**Loopring, LRC

10. **밸런서**BAL

11. **카이버 네트워크**KNC

12. **하베스트 파이낸스**Harvest Finance, FARM

13. **크림 파이낸스**Cream Finance, CREAM

14. **메타**Meta, MTA

## 9.4 이자 농사 세트

이자 농사 세트를 이용하면 이자 농사를 지을 수 있는 프로토콜에서 이자 수익을 얻기 위해 여러 번의 트랜잭션을 지속적으로 실행하지 않아도 되기 때문에 가스비를 절감할 수 있다. 이런 세트 전략은 유동성 공급자가 받을 수 있는 보상(LP 리워드)을 청구하고, 보상 수익을 팔아서 큐레이트된 자산curated asset으로 교환하며, 그 자산을 스테이킹하여 다시 LP 리워드를 얻는 것을 주기적으로 반복한다. 한마디로 디파이에서 복리 이자를 얻는 방법이다!

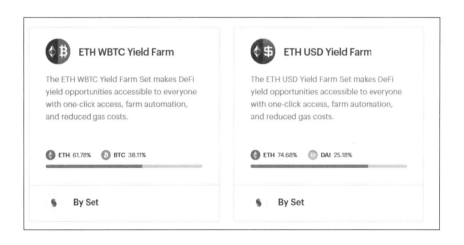

## 9.5 세트의 유용한 점

세트는 거래 전략을 토큰화tokenize한다. 시험 삼아 정해진 거래 전략을 실행해보고자 하는 사용자가 있다고 가정해보자. 예를 들면 다양한 자산을 한데 모아 구입하고 싶은 경우다. 이때 세트를 이용하면 가장 쉽게 거래할 수 있다.

다만 사용자도 주의를 게을리해서는 안 된다. 아무리 세트의 전적이 좋아도 미래에 그 성과가 계속된다는 보장은 없다. 암호화폐 시장은 변동성이 매우 심하기 때문에 '과거 실적은 미래 결과의 지표가 아니다'라는 옛말을 마음 깊이 새겨야 한다. 따라서 비교 분석을 통해 본인에게 최적화된 전략을 찾아낸 후 토큰세트를 이용하기를 권장한다.

인기 있는 인덱스 세트 중 디파이 펄스 인덱스 세트를 예로 들어보자. 이 인덱스 세트는 기초 자산의 시총에 따라 세트의 편입 비중을 조절하는 시가총액가중치 전략이 적용된다. 이 거래 전략은 2020년 9월 10일 도입된 이후 2021년 4월 1일 기준으로 가치가 252% 증가했다.

구성에 포함된 기초 자산 14개 중 3개의 개별 투자 실적은 이 인덱스 세트의 실적을 능가했다. 반면 나머지 자산의 경우 인덱스 세트의 실적에 미치지 못했다. 사용자가 공격적 투자에 대한 지속 가능한 경쟁 우위를 점유하지 않는 한 인덱스 세트를 이용한 수동적 투자는 분산투자 전략으로서 최선의 선택이라 할 수 있다.

이제까지 토큰세트에 대해 알아봤다. 당장 도전해보고 싶다면 단계별 사용 가이드를 참고하라.


## 9.6 토큰세트 단계별 사용 가이드

**1단계**

- 토큰세트 사이트(https://www.tokensets.com)에 접속한다.

- 우측 상단에서 Sign In(회원 가입)을 클릭한다.

- 메타마스크 또는 본인이 가진 지갑으로 회원 가입을 진행한다.

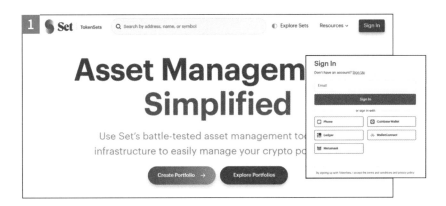

## 2단계

- 새로운 화면으로 바뀌게 된다.

- 이메일 주소 입력을 요청하는 팝업이 뜰 것이다. 선택 사항이므로 건너뛰어도 된다.

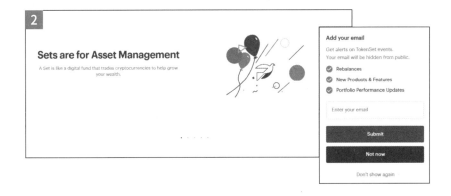

## 3단계

- 마침내 탐색Explore 페이지에 도달했다.

- 이곳에서 선택 가능한 세트의 목록을 확인할 수 있다.

- 인덱스 세트는 보통 '인덱스Index'라는 단어를 포함하고, 이자 농사 인덱스Farm Index는 '팜Farm'이라는 단어를 포함한다.

- 예를 들면, 디파이 펄스 인덱스 또는 이더-미화 이자 농사ETH-USD Yield Farm 같은 식이다.

## 4단계

- 원하는 세트를 구입해보자. 예제에서는 디파이 펄스 인덱스를 선택했다.

- 탐색 페이지에서 디파이 펄스를 클릭한다.

- 우측 상단에서 Buy(구매)를 클릭한다.

- 팝업이 뜬다.

- 제시된 4가지 암호화폐 중 하나로 구매 가능하다.[2]

- 예제에서는 80 USDC($80) 상당의 DPI를 구매했다.

- 사용할 암호화폐 USDC에 대해 Approve(승인)을 클릭한다.

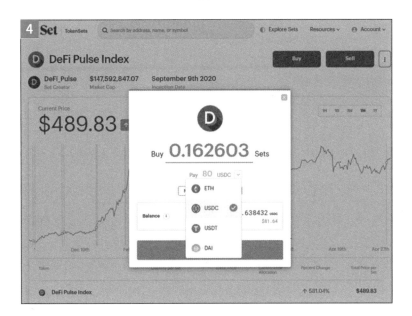

## 5단계

- 지불 또한 USDC로 지불하려면 토큰세트가 결제 대행할 수 있도록 승인해야
  한다.

- 메타마스크에서 Confirm(확인)을 클릭한다.

---

2    [옮긴이] 번역 시점에서는 WBTC가 추가되어 5가지 암호화폐를 지원한다.

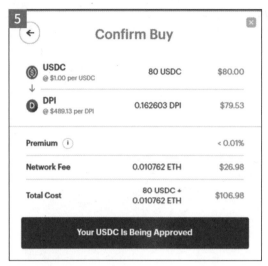
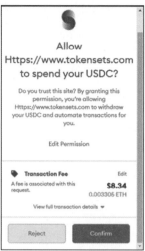

## 6단계

- 승인이 확인되면 이제 Submit Buy(구매 요청)을 넣을 수 있다.

- 트랜잭션 승인을 한 번 더 실행한다.

- 메타마스크에서 Confirm(확인)을 클릭한다.

- 미션 성공이다!

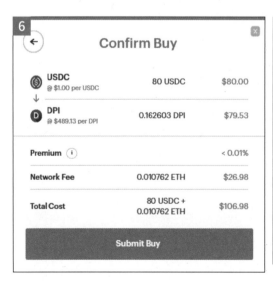
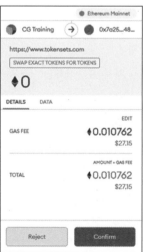

## 9.7 읽을거리

1. 세트 프로토콜을 이용한 펀드 운용 자동화
   https://blog.zerion.io/af5771208860

2. 디파이10 파트1: 디파이 포트폴리오 구축 팁
   https://newsletter.thedefiant.io/p/defi10-part-1-lessons-in-building

3. 디파이10 파트2: 프로그래밍 가능한 돈의 펀드 매니저 되기
   https://newsletter.thedefiant.io/p/defi10-part2-becoming-a-programmable

4. 홀딩 vs. 디파이 어느 쪽 수익이 클까?
   https://blog.zerion.io/c6f050e89c8e

# 탈중앙화 복권

여기까지는 스테이블코인을 위한 탈중앙화 거래소, 스왑, 파생상품 등 진지하고 딱딱한 프로토콜들에 대해 알아봤다. 이 장에서는 그보다 좀 가볍고 재미있는 것을 소개하려고 한다. 바로 무손실 탈중앙화 복권이다.

2020년 2월 초반 풀투게더PoolTogether의 한 사용자가 매주 열리는 다이 복권에 단돈 10달러를 걸고 당첨되어 총 1,648달러의 상금을 탄 일이 있었다.[1] 그 당첨 확률은 69,738분의 1이었다. 풀투게더의 최고 장점은 10달러를 건 모든 참여자가 복권 추첨 결과 낙첨되더라도 판돈을 전액 환불받을 수 있다는 것이다. 이 게임에서 지는 사람은 단 1명도 없다. 단지 기회비용만 있을 뿐이다. 다음을 읽고 풀투게더에 대하여 더 알아보자.

---

[1]  https://twitter.com/PoolTogether_/status/1225875154019979265

## 10.1 풀투게더

풀투게더는 무손실 탈중앙화 복권 또는 탈중앙화 당첨금 예금 애플리케이션이다. 즉, 복권 추첨 후 복권 참여자들이 미리 예치했던 원금을 손실 없이 보전해주는 구조다. 복권 당첨금을 복권 판매 대금이 아닌, 사용자들의 예치금이 컴파운드를 통해 얻은 이자 수익으로 조달한다. 풀투게더에서 복권 추첨이 일어날 때마다 사용자 예치금이 이자 수익을 내기 위해 컴파운드에 송금된다. 그리고 당첨 주기마다 운 좋은 한 사용자가 이자 수익 전액에 당첨된다.

풀투게더에 참여하는 방법은 아주 간단명료하다. DAI, USDC, UNI, COMP 토큰으로 풀투게더 티켓을 구매하기만 하면 된다. 한 장의 티켓은 1회 응모했다는 의미이다. 티켓을 많이 구매할수록 당첨될 확률도 비례해서 증가한다.

풀투게더에는 네 가지 종류의 복권이 있다. 바로 매주 추첨하는 DAI, USDC, UNI, COMP 복권 풀(판돈이 모인 자금)이다. 스폰서들이 어떤 토큰으로든 루트 박스Loot Box라고 부르는 추가 보상금을 후원하기도 한다. 보안을 철저히 하기 위해 풀투게더의 코드는 보안 감사를 여러 번 거쳤다.

이 콘셉트는 사실 새로운 게 아니다. 기존의 상금연계저축계좌Prize-Linked Savings Account, PLSA와 비슷한 개념이다. 전 세계 여러 나라의 은행 및 신용조합은 사람들의 저축액을 끌어모으기 위해 당첨자가 판돈을 싹쓸이할 수 있는 PLSA 상품을 만들었고 이는 금융업에서 상당한 인기를 끌고 있다. 유명한 PLSA 프로그램 중 하나가 '당첨을 위해 저축하세요save to win'라는 표어를 내건 미시간 신용조합 리그Michigan Credit Union League[2]이다.

## 10.2 왜 탈중앙화 복권에 관심을 두어야 하는가

탈중앙화 복권의 매력 중 하나는 자금이 중개자나 브로커의 개입이 일체 없이 감사를 완료한 스마트 컨트랙트 아래 놓인다는 점이다. 자금의 의무 예치 기간도 없어서 돈이 필요하면 언제든 인출 가능하다. 또한, 경품 추첨에 대해 이더리움에서 온체인으로 검증할 수 있어 위변조를 막을 수 있다.

PLSA 프로그램 같은 실제 세계의 무손실 복권은 도박 산업 보호 법률에 따라 특정 지역 사람들만 가입하도록 제한되어왔다. 탈중앙화 애플리케이션은 자금만 있다면 어디에 사는 누구든 참여할 수 있기 때문에 이 부분에서 진정한 가치를 빛낸다.

## 10.3 풀투게더의 단점과 당첨 확률

확실히 세상에 공짜 돈이란 없다. 당신이 풀투게더에 자금을 투입함으로써 발생하는 기회비용이 작은 함정이라면 함정이다. 똑같은 돈을 컴파운드에 투입하여 유동성을 공급했다면 그 대가로 이자 수익이 발생했을 것이다.

하지만 자금을 풀투게더에 투입함으로써 컴파운드에서 얻을 수 있는 이자를 포기한 것이다. 물론 그 대신 복권에 당첨될 기회를 갖게 된다. 복권에 응모한 기회비용은 사실상 컴파운드에서 벌어들일 수 있었던 이자 수익이 된다.

당첨 확률은 구매한 티켓 수에 좌우된다. 예를 들어 풀에 1,000장의 티켓이 있을 때 1장의 티켓을 샀다면 당첨 확률은 1,000분의 1이다. 항상 풀투게더 계정 페이지에서 당첨 확률을 확인할 수 있다.

---

2   https://www.thebalance.com/what-are-prize-linked-savings-accounts-4587608

## 10.4 풀투게더 V3

새로운 V3에서 달라진 점은, 이제 누구든지 ERC-20 토큰을 지원하는 풀투게더를 사용하여 무손실 복권 풀을 생성할 수 있다는 점이다. 게다가 풀투게더 프로토콜이 컴파운드 대출 외에도 연파이낸스와 아베도 지원하게 되어 다양한 수익원을 통해 상금을 조성할 수 있게 되었다.

## 10.5 풀투게더 토큰

2021년 2월 18일 풀투게더 프로토콜의 거버넌스 토큰인 풀POOL이 출시되었다. 전체 공급량 중 14%는 2021년 1월 14일 이전에 이미 예치자depositor들에게 지급되었다. 플랫폼을 사용하고 있었던 필진에게는 매우 놀라운 소식이었다.

예치된 액수와 기간을 기준으로 POOL 에어드롭이 진행되었다. 가령 두 달간 5 DAI 정도 예치한 코인게코의 동료 중 한 명은 300 POOL을 받았다. 약 $20 어치의 에어드롭이 나중에 약 6천 달러로 가치가 대폭 상승했다.

유동성 채굴 프로그램의 일환으로 POOL 총 공급량의 5%가 2021년 2월 17일을 시작으로 14주에 걸쳐 예치자 전원에게 배분된다. 하루에 5,100 POOL씩, 다시 말하면 하루에 10만 2천 달러의 상금이 돌아간다!

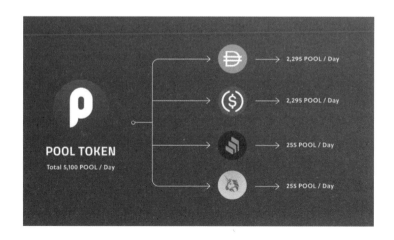

총 공급량 중 57.54%는 프로토콜 금고protocol treasury에 놓여 거버넌스의 결정에 따라 쓰여진다. POOL 토큰 보유자는 다음과 같은 사례에 대해 투표권을 가진다.

- 추천인 프로그램 마련
- 추후 유동성 채굴 프로그램 마련
- 후원 프로그램 마련

## 10.6 풀투게더 거버넌스

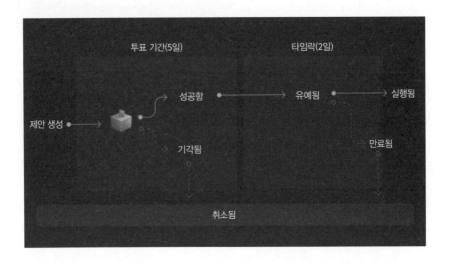

거버넌스 제안서를 제출하려면 1만 POOL 토큰(총 공급량의 0.1%)을 보유하거나, 1만 POOL 토큰을 위임받아야 한다. 투표 기간은 5일이다. 1%의 정족수(최소 10만 표 이상 투표)를 충족하면 제안은 통과된 것으로 간주한다. 통과된 제안은 이틀간 타임락 timelock을 가진 뒤 반영된다.

토큰을 위임받기 위해서는 시빌Sybil[3] 사이트(https://sybil.org)에서 먼저 자기 자신을

---

3    [옮긴이] 풀투게더에서 대리자를 찾는 거버넌스 툴

위임해야 한다.[4]

POOL 토큰 보유자는 초기에는 다음 내용에 대해 투표할 수 있다.

- 상금 풀의 당첨자 수 조정
- 추첨 빈도 조정
- 상금 관련 신규 전략 승인
- 신규 상금 풀 출시

풀투게더를 지금 당장 사용해보려면 단계별 사용 가이드를 따라가보자.

## 10.7 풀투게더 단계별 사용 가이드

### 1단계

- 풀투게더 사이트(https://www.pooltogether.com)에 접속한다.
- 지갑을 연결하여 DAI, USDC, UNI, COMP 중 하나가 있는지 확인한다. 예제에서는 DAI를 사용한다.

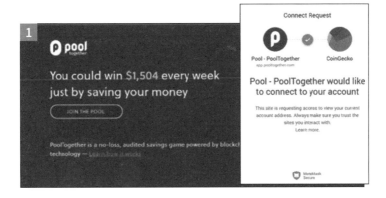

---

4    [옮긴이] 토큰에 비례하여 거버넌스 투표권이 주어진다. 해당 토큰을 위임하는 것은 토큰과 연계된 투표권의 행사 권리를 넘기는 것을 의미한다. 위임받는 토큰과 위임하는 토큰 주소가 동일할 경우 위임받을 수 있는 권한이 주어지게 스마트 컨트랙트를 구성해두었기에, 다른 사용자들로부터 위임받기 위해 자기 자신을 위임하는 절차가 필요하다.

## 2단계

- 구매하고자 하는 티켓 매수를 입력한다.

- 이 점을 명심하자. 티켓 1장 값은 1 DAI이고 이는 1회 응모했다는 뜻이다. 응모 횟수가 많을수록 당첨 확률도 커진다.

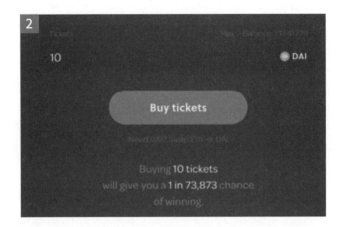

## 3단계

- 구매가 처음이라면 먼저 Enable DAI(DAI 활성화)를 클릭해 DAI를 활성화해야 한다.

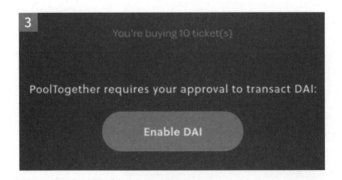

## 4단계

- Purchase tickets(티켓 구매)를 눌러 구매를 완료한다.

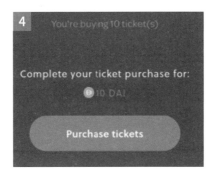

## 5단계

- 완료! 이제 풀투게더가 매주 당첨자를 발표할 시간만 기다리면 된다.

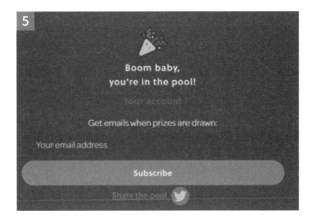

## 10.8 읽을거리

1. 풀투게더의 리스크에 대한 간단한 설명

   https://medium.com/pooltogether/fdf6fecd3864

2. 풀투게더가 복권을 추첨하는 방법

   https://medium.com/pooltogether/9301f8d76730

3. 무손실 복권 자금이 토큰 100만 달러에 이르다

   https://www.trustnodes.com/2020/01/29/no-loss-lottery-now-holds-1-million-tokenized-dollars

4. 풀투게더 — 상금연계저축계좌

   https://defiprime.com/pooltogether

5. 풀투게더는 어떻게 저축예금으로 판을 바꿨는가

   https://academy.binance.com/en/articles/how-pool-together-turns-saving-money-into-a-game

6. 무손실 복권 운영 원리 6화

   https://podcast.coingecko.com/719703/2879608

7. 데이터 중심으로 본 풀투게더

   https://medium.com/tokenanalyst/61a44ceb064

# CHAPTER 11

# 탈중앙화 지불

이미 이더나 다이를 중간자 개입 없이 직접 송금하는 탈중앙화 지불이 가능한 상태다. 더 나아가 표준화된 송장 형식, 더 저렴하고 빠른 트랜잭션, 예약 송금, 조건별 송금 등을 통해 이를 개선해보자. 현재 탈중앙화 지불 관련 잘 알려진 프로젝트명으로는 라이트닝 네트워크Lightning Network, 리퀘스트 네트워크Request Network, 엑스다이xDAI, 사블리에Sablier가 있다.

이 장에서는 사블리에에 대해 살펴본다. 사블리에는 사회에서 보호받지 못하는 사람들을 위한 해결책을 내놓은 흥미로운 프로젝트이다.

## 11.1 사블리에

사블리에는 지불 스트리밍 애플리케이션이다. 스트리밍이란 아주 작은 단위의 실시간으로 거래 당사자 간에 지불 또는 출금이 가능한 구조를 말한다. 실제로 초 단위로 지불이 가능하다! 예를 들어 시간당 컨설팅비, 일일 노동자의 임금, 다달이 나가는 월세 같은 것들이 작업의 진척도나 시간의 흐름에 따라 실시간으로 비용이 지불된다고 상상해보자. 스포티파이Spotify에서 음악을 스트리밍으로 듣는 것처럼, 사블리에에서는 돈을 스트리밍할 수 있다.

## 11.2 스트리밍 지불

사블리에를 통하면 거래 당사자가 합의한 기간에 걸쳐 실시간으로 돈이 흐르듯 지불된다. 더는 지금처럼 정해진 주기(월별 또는 격주)까지 기다려서 대금을 지불받지 않아도 된다. 지불을 받는 쪽은 실시간으로 보수를 받고, 언제든 그 돈을 출금할 수도 있다.

## 11.3 스트리밍 개념의 중요성

사블리에는 적은 봉급으로 겨우 연명하는 사람들을 도울 수 있는 잠재력이 있다. 이들은 단 며칠 급여 체납이라도 발생하는 경우, 당장 저녁 식탁에 차릴 음식을 살 돈이 모자랄 수도 있다.

실제 그런 일이 발생하게 되면 이들은 대개 극악한 이자율(최고 연 500%)의 단기 무담보 대출에 의존하게 된다.[1] 천문학적인 금리에 비해 제한된 수입으로 인해 빚의 악순환에 빠지기 십상이다. 미국에서는 대출 상환 불가 사유로 수많은 사람이 체포된 바 있다.[2]

---

1    https://www.debt.org/credit/payday-lenders
2    https://www.cnbc.com/2020/02/22/people-are-arrested-after-falling-behind-on-payday-loans.html

## 신뢰

스트리밍 지불은 특히 물리적 거리가 떨어진 곳에서 일하는 신참 계약직 노동자들에게 유용하다. 기존에는 새로운 고용주가, 일한 대가로 임금을 지불할 것이라 일방적으로 믿어야만 했다. 사블리에를 통해 계약을 하게 되면 거래의 양 당사자 모두 지불이 이루어진다는 것을 확신할 수 있고, 실제 지불 내역을 실시간으로 확인할 수도 있게 된다.

## 타이밍

임금은 보통 매달 또는 격주로 지급된다. 하지만 경우에 따라서 자금이 당장 필요한 사람도 있을 수 있다. 이럴 때 사블리에가 도움을 줄 수 있다. 회사원은 이제 월급이 지급되는 날까지 기다리지 않고도 일한 날짜까지의 보수만큼 계좌에서 출금하고 급한 곳에 돈을 쓸 수 있게 된다. 또한 임금 체납도 미연에 방지된다. 아무리 노동자가 고용주를 신뢰한다고 해도 그것과는 별개로 스트리밍 지불 구조만 있으면 기한 내에 약속한 임금의 전액 지불을 보장받게 된다.

## 동작 원리 예시

당신이 온라인 컨설팅 서비스를 제공한다고 가정해보자. 보수는 1시간당 60달러(분당 1달러)이다. 이제 당신은 고민할 것이다.

1. 보수는 선불로 받겠다고 할까? 하지만 이렇게 할 경우 신규 고객의 반감을 사게 될지도 모른다.

2. 아니면 컨설팅을 완료한 후 받는다고 할까? 이 경우 당신은 클라이언트를 절대적으로 신뢰할 수밖에 없다.

3. 아니면 에스크로 서비스나 플랫폼을 이용해서 수수료를 내고 양측의 위험을 모두 보호할까?

스트리밍 지불 방식을 쓰면 더 이상 당사자들끼리 신뢰하지 않아도 된다. 이제는 1분마다 보수를 지불받을 수 있으니 당신과 클라이언트 모두 시간당 돈의 가치만큼 서비스를 주고받을 수 있다. 혹시 돈을 떼어먹으려는 심보가 있는 클라이언트가 있다 해도 당신이 잃을 수 있는 건 단 1분의 시간이다. 요약하면 온라인 트랜잭션에서 '신뢰'라는 영역이 기존의 사람에서 이제는 불변성을 가진 여러 줄의 코드(블록체인과 스마트 컨트랙트)로 넘어가게 되는 것이다.

암호화폐 및 블록체인 컨설턴트 루벤 브라마나단Reuben Bramanathan이 정확히 이 방식으로 자신의 클라이언트에게 30분간의 컨설팅 비용을 청구했다.[3]

## 11.4 탈중앙화 지불의 의의

탈중앙화 지불 플랫폼은 무신뢰성의 블록체인 기술을 활용하여 실시간 지불 스트림을 만들어냄으로써 사람들이 재화 및 서비스에 대해 지불하는 방식을 개선했다. 이 기능은 고용주와 고용인, 생산자와 소비자의 관계를 재정립할 수 있는 길을 열어준다. 이 플랫폼은 계약직이 늘어나는 가운데 제때 소득을 받지 못해 가정경제가 위태로워질 수 있는 노동환경에서 거래 쌍방에게 재정적 측면 및 일의 성과 측면에서 모두 더 나은 결과를 가져다줄 수 있다.

자, 사블리에는 여기까지 설명하겠다. 사블리에를 통해 스트리밍 지불 방식을 사용해보고 싶다면 단계별 사용 가이드를 따라 해보자.

## 11.5 사블리에 단계별 사용 가이드

### 1단계

- 사블리에 사이트(https://sablier.finance)에 접속하여 **Use Dapp Now**(지금 디앱 사용하기)를 클릭한다.

---

3   https://medium.com/bramanathan/bb222da07906

- 사블리에 앱 페이지(https://pay.sablier.finance)가 열릴 것이다.
- 가지고 있는 이더리움 지갑으로 로그인한다.

## 2단계

- Stream Money(돈 스트림하기)를 클릭한 후, 드롭다운 메뉴에서 원하는 토큰을 선택한다.
- 액수를 기입한다(스트리밍이 예정보다 일찍 종료될 경우 잔액은 환불된다).
- ENS 도메인[4] 또는 이더리움 주소를 기입한다.
- 기한을 설정한다(예: 30일).

---

4  (옮긴이) 사람이 읽을 수 있는 형태로 만든 이더리움 주소. 14장에서 설명한다.

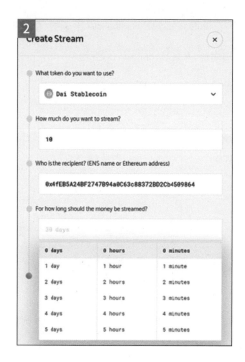

## 3단계

* 트랜잭션을 확정한다.

**4단계**

- 블록체인이 해당 트랜잭션의 유효성 검증을 완료하면 지불 링크를 확인할 수 있다.

- 이 링크를 2단계에서 입력한 ENS 도메인 소유자 또는 이더리움 주소의 소유 자에게 공유한다.

## 11.6 읽을거리

1. **사블리에 버전 1 출시**

   https://medium.com/sablier/sablier-v1-is-live-5a5350db16ae

2. **사블리에, 실시간 금융을 위한 프로토콜**

   https://www.stateoftheDapps.com/Dapps/sablier

3. **사블리에로 프로젝트 구축하기**

   https://twitter.com/SablierHQ/status/1214239545220386819

# CHAPTER 12

# 탈중앙화 보험

디파이에 참여하기 위해서는 스마트 컨트랙트에 토큰을 예치lock해야 한다. 예치된 토큰의 양이 엄청나기 때문에 스마트 컨트랙트를 대상으로 한 공격이 늘 도사리고 있다. 대부분의 프로젝트가 소스코드 감사를 받지만 스마트 컨트랙트가 진짜로 안전한가에 대해서는 누구도 장담하지 못하며 해킹으로 인한 금전적 손실의 가능성이 늘 존재한다.

디파이 디앱 중 비지엑스bZx가 당한 해킹 공격이 가장 유명하다. bZx 플랫폼은 2020년 2월에 두 번, 그리고 같은 해 9월 한 번 총 세 차례나 공격받았다. 첫 번째 공격은 2020년 2월 15일에 일어나 1,193 ETH($318,000) 상당의 피해가 발생했고, 2020년 2월 18일 두 번째 공격으로는 2,388 ETH($636,000) 상당의 피해가 발생했다.[1] 2020년 9월 13일 일어난 세 번째 공격은 810만 달러의 손실을 입혔는데 이는 TVL의 약 30%를 차지하는 수준이었다.[2] bZx가 입은 공격은 복수의 디파이 디앱이 결부된 상당히 복잡한 트랜잭션 가운데 일어났다.

---

1   https://cointelegraph.com/news/decentralized-lending-protocol-bzx-hacked-twice-in-a-matter-of-days

2   https://decrypt.co/41718

이 사건 이후로도 해킹은 계속 발생했다. 2020년 4분기만 해도 유명한 디파이 디앱을 대상으로 한 주요 공격이 5건 이상 발생했다. 2020년 10월, 이자 농사 프로토콜 하베스트 파이낸스Harvest Finance를 공격한 해커는 플래시론을 이용해 5천만 달러를 인출해 갔다. 이어서 11월에 아크로폴리스Akropolis, 밸류 디파이Value DeFi, 오리진 프로토콜Origin Protocol, 피클 파이낸스Pickle Finance 역시 수준의 차이는 있으나 모두 보안 침해를 겪었다. 디파이 생태계는 일련의 침해 공격으로 6,900만 달러나 손실을 입었다. 이는 디앱이 사전에 감사를 받는다고 해도 보안 공격을 받을 가능성이 존재함을 시사한다.

이렇듯 디파이에는 대규모 손실이 발생할 수 있는 내재된 위험이 도사리고 있다. 그러나 대부분의 사람은 이 부분에 주목하지 않는다. 디파이 사용자들이 노출되어 있는 위험은 다음과 같다.

1. **기술적 위험**technical risk: 스마트 컨트랙트가 해킹당하거나 버그 공격을 당할 위험

2. **유동성 위험**liquidity risk: 컴파운드 같은 프로토콜에서 유동성이 동날 위험

3. **관리자 키 위험**admin key risk: 프로토콜용 마스터 개인키가 공격당할 위험

이런 이유로 디파이에서 거액을 굴리는 사람이라면 보험을 고려할 필요가 있다. 이 장에서는 우리의 디파이 트랜잭션을 보호해줄 탈중앙화 보험 공급자 두 곳을 소개한다. 바로 넥서스 뮤추얼Nexus Mutual과 아머Armor이다. 후반에는 간략하게 엔슈어 네트워크NSure Network와 커버 프로토콜Cover Protocol도 짚고 넘어가겠다.

## 12.1 넥서스 뮤추얼

# 넥서스 뮤추얼

넥서스 뮤추얼은 이더리움에 구축된 탈중앙화 보험 프로토콜로서 이더리움 블록체인의 스마트 컨트랙트 보험과 셀시어스, 블록파이, 넥소, 바이낸스, 코인베이스, 크라켄Kraken, 제미니Gemini 등의 중앙집중화 대출 서비스 혹은 거래소를 위한 위탁 자산 보험custody cover을 제공한다. 2020년 12월 기준 64개의 스마트 컨트랙트 프로토콜이 넥서스 뮤추얼의 보장을 받고 있다. 아래는 그중 전도유망한 디앱의 목록이다.

| 번호 | 디파이 스마트 컨트랙트 | 번호 | 디파이 스마트 컨트랙트 |
|---|---|---|---|
| 1 | 메이커다오 | 18 | 컴파운드 |
| 2 | 몰록 다오Moloch DAO | 19 | 유니스왑 버전 1 |
| 3 | 누오Nuo | 20 | 유니스왑 버전 2 |
| 4 | 노시스Gnosis | 21 | 파라스왑 |
| 5 | 제로엑스 | 22 | 스시스왑 |
| 6 | 토네이도 캐시Tornado Cash | 23 | 연파이낸스Yearn Finance |
| 7 | 유니스왑 | 24 | 커버 프로토콜 |
| 8 | 아젠트 | 25 | 오픈 |
| 9 | 디와이디엑스 | 26 | 셀시어스 |
| 10 | 세트 프로토콜Set Protocol | 27 | 헤직Hegic |
| 11 | 펄크럼Fulcrum | 28 | 크림 |
| 12 | 아베 버전 1 | 29 | 아크로폴리스 델파이Akropolis Delphi |
| 13 | 아베 버전 2 | 30 | 얌파이낸스Yam Finance |
| 14 | 에지웨어Edgeware | 31 | 방코르 네트워크Bancor Network |
| 15 | 아이덱스IDEX | 32 | 밸런서 |
| 16 | 인스타디앱Instadapp | 33 | 신세틱스 |
| 17 | 디덱스DDEX | 34 | 풀투게더 |

**넥서스 뮤추얼의 보장을 받는 디파이 스마트 컨트랙트 목록(2020년 12월)**

## 넥서스 뮤추얼이 보장하는 상황

넥서스 뮤추얼의 '스마트 컨트랙트 보험Smart Contract Cover'은 스마트 컨트랙트 코드에서 발생할 수 있는 버그 등의 장애에 대해 대비하는 보험이다. 즉 스마트 컨트랙트 코드가 해킹 같은 공격을 당하여 초래된 금전적 손실에 대해 보장받을 수 있다. 단 '의도치 않은 오남용'으로 발생한 손실만 보전한다. 따라서 개인 부주의(예: 개인키 분실)로 인한 손실의 경우 보험 적용이 되지 않는다.

위탁 자산 보험은 중앙집중화 거래소 또는 중앙집중화 차용/대출 플랫폼에 자금 및 자산을 맡긴 사용자를 보호한다. 사용자는 아래의 경우 손실 보전을 받을 수 있다.

1. **자금을 수탁한 회사(관리인)가 해킹 공격을 받아 사용자 자산의 10% 이상의 손실이 난 경우**
2. **자금을 수탁한 회사에서 자금 인출이 90일 이상 정지되었을 경우**

## 어떻게 보장받는가

보장받으려면 가장 먼저 넥서스 뮤추얼에 회원 가입을 해야 한다. 회원 가입 승인이 이루어지면 사용자는 선택한 프로토콜의 스마트 컨트랙트에 대한 보장 금액과 보장 기간을 선택할 수 있다.

보장 금액이란 스마트 컨트랙트 장애 발생 시 청구할 보험금의 액수다. 보장 기간이란 보험금을 청구하여 받을 수 있는 기간을 의미한다.

스마트 컨트랙트에 장애가 발생할 경우 청구 평가자들이 평가를 진행하는 청구 심사claim assessment 과정을 거친다. 청구 평가자들이 지급 승인을 완료하면 보험금이 지급된다.

## 보험료 산정

넥서스 뮤추얼이 모든 스마트 컨트랙트를 대상으로 보장을 제공하기는 하나, 보험료는 다음과 같은 여러 조건에 따라 산정된다.

1. 보장 금액

2. 보장 기간

3. 위험 평가자risk assessor들이 매긴 스마트 컨트랙트 가치(스테이킹 가치value staked)

가령 이더 가격이 200달러인 시점에 당신의 컴파운드 스마트 컨트랙트에 대하여 총 5이더 어치의 보험을 든다고 가정해보자. 보장 기간은 1년이고 보장 액수는 1이더당 0.013이더라고 가정할 때 보험료는 연간 총 0.065이더이다.

이 1년 사이에 컴파운드가 해킹을 당하면 해킹 시점의 이더 가격 변동과는 무관하게 5이더를 보전받는다. 해킹 공격을 받는 동안 이더 가격이 300달러로 올라도 청구 금액이 승인되면 5이더를 보전받는다.

## 보험 가입 방법

1. 보장받고자 하는 스마트 컨트랙트의 주소를 정한다.

2. 보장 금액, 통화 종류(ETH 또는 DAI), 보장 기간을 정한다.

3. 견적서를 생성하고 메타마스크를 사용하여 트랜잭션을 실행한다.

4. 보험 가입 완료!

## NXM 토큰

넥서스 뮤추얼은 자체 기본 토큰인 NXM을 갖고 있다. NXM 토큰은 보험 구입, 거버넌스 의사결정 시 투표 참여, 위험 평가 참여, 보험 청구 심사를 위해 사용된다. 자본 공급을 독려하거나 뮤추얼 자본에 소유권을 표출할 때도 쓰인다. 뮤추얼의 자본 풀capital pool이 증가하는 만큼 NXM의 가치도 커진다.

이 플랫폼을 통해 사용자는 본인 소유의 자본에 대해 보험을 들거나 NXM를 가지고 위험 평가에 참여할 수 있다.

토큰 가격은 본딩 커브bonding curve에 따라 결정되며, 본딩 커브는 뮤추얼이 보유한 자본 규모 및 일정 확률로 발생 가능한 모든 보험 청구액 수령에 필요한 자본 규모에 영향을 받는다.

현재 NXM 토큰은 거래소에서 통용되지 않고 넥서스 뮤추얼 내부 전용 토큰으로 사용되고 있다. NXM 토큰을 얻기 위해서는 넥서스 뮤추얼의 회원이 되어야 하며 해당 플랫폼의 KYC 및 AML 절차를 밟아야 한다. 회원 가입 비용이 최초 1회 0.002 ETH만큼 발생한다. 가입이 승인되면 보험을 들 수 있고 NXM 토큰이 선사하는 여러 혜택을 누릴 수 있다.

아머와의 파트너십을 거치며 KYC 과정을 밟지 않고도 보험을 구입할 수 있게 되었는데, 이에 대해서는 뒤에 자세히 설명하겠다.

## wNXM 토큰

wNXM 토큰은 랩트wrapped NXM 토큰의 개념이다. NXM과 달리, wNXM은 자유롭게 교환 가능하며 암호화폐 거래소를 통해 구입이 가능하다.

넥서스 뮤추얼 가입 회원이 wNXM 토큰을 사용하려면 우선 언래핑unwrapping해야 한다. 그래야 wNXM이 NXM이 되어 넥서스 뮤추얼 플랫폼에서 사용 가능하다.

## 위험 평가자

위험 평가자는 스마트 컨트랙트에 대해 가치를 부여하여 안전성을 보증하는 사람으로서, 사용자가 스마트 컨트랙트의 지분에 대해 보험을 들 때마다 NXM을 통해 보상을 받기 때문에 해당 작업을 수행할 동기를 가지게 된다. 위험 평가자는 솔리디티 Solidity 언어 기반의 스마트 컨트랙트에 내재된 위험을 이해하고 있어야 하며, 다음과 같은 일을 해야 한다.

1. 개별 디앱을 직접 평가한다.
2. 혹은 컨트랙트가 안전하다고 주장하는 사람(감사인 또는 기타 이해관계자)들을 신뢰한다.

## NXM은 보험금을 지불한 적이 있는가

있다! 2020년 2월 탈중앙화 대출 프로토콜 bZx는 플래시론 공격을 받았다. 피해자 중 6명은 미리 스마트 컨트랙트에 대해서 보험을 가입해둔 덕에 최대 87,000달러를 보장받을 수 있는 상태였다. 이들이 제출한 3건의 보험 청구 액수 $34,996는 위험 평가자들이 승인하기로 투표한 후 즉시 지불되었다.[3]

## 넥서스 뮤추얼 단계별 사용 가이드

### 1단계

- 넥서스 뮤추얼 사이트(https://nexusmutual.io)에 접속하여 GET A QUOTE(견적 받기)를 클릭한다.

### 2단계

- 보장받고 싶은 스마트 컨트랙트를 선택한다. 예제에서는 유니스왑 버전 2를 선택했다.

---

3    울긴이 단계별 사용 가이드 전에 미리 밝히자면, 번역 시점에서 한국 사용자는 넥서스 뮤추얼에서 보장을 받을 수 없다.

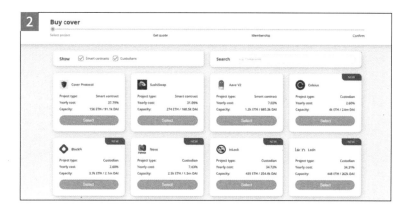

## 3단계

- 보장 금액과 기간을 입력한다. 최소 보장 금액은 1 ETH 또는 1 DAI이며, 보장 기간은 30일부터 365일 사이로 설정 가능하다.
- 끝났으면 Get quote(견적받기)를 클릭한다.

## 4단계

- 견적이 나온 후, 넥서스 뮤추얼이 보험료를 표시한다. 그다음, 아직 가입하지 않았다면 회원 가입을 요청할 것이다.
- 회원 가입을 위해서는 다음과 같은 조건이 있다.

1. 다음 국가의 거주자여서는 안 된다. 중국, 멕시코, 시리아, 에티오피아, 북한, 트리니다드 토바고, 인도, 러시아, 튀니지, 이란, 세르비아, 바누아투, 이라크, 대한민국, 예멘, 일본, 스리랑카.

2. KYC 인증을 완료한다.

3. 회원 가입비 0.002이더를 지불한다.

4. KYC 인증을 마치면 다음 단계로 넘어가 보험을 들 수 있다.

## 5단계

- 표시된 세부 내역이 맞으면 Agreement(동의)에 체크한다.

- 넥서스 뮤추얼이 지갑에 접속할 수 있도록 권한을 부여하고 Buy cover(보험 구입)을 클릭한다.

- 보험 가입 완료!

## 12.2  아머

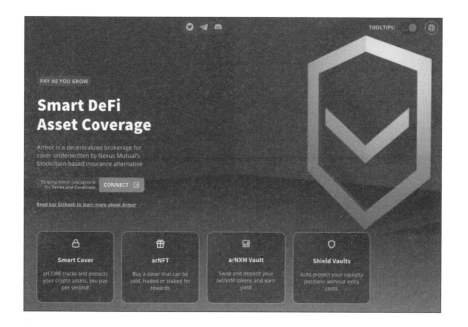

아머는 디파이를 위한 최초의 보험 애그리게이터이다. 넥서스 뮤추얼의 보험 인수 underwriting 기능을 레버리지 삼아, 쓰는 만큼 내는pay-as-you-go 보험 상품을 제공하며 KYC 없이 보험을 가입할 수 있게 한다.

KYC를 거치지 않고 싶거나 넥서스 뮤추얼의 서비스 제공 가능 지역을 벗어난 곳에 사는 사람의 경우 아머를 이용하여 보험에 가입할 수 있다.

## 12.3  아머 단계별 사용 가이드

### 1단계

- 아머 사이트(https://armor.fi)에 접속하여 왼쪽 메뉴에서 Buy arNFT(arNFT 구매)를 클릭한다. 화면 중앙에 구매할 수 있는 목록이 나타날 것이다.

## 2단계

- 보장받기 원하는 스마트 컨트랙트를 선택한다. 예제에서는 유니스왑 버전 2를 선택했다. 이때 지갑이 연결되어 있지 않다면 먼저 연결해야 한다.
- 보장 기간과 보장 금액을 입력한다.
- GET QUOTE(견적받기)를 클릭한다.

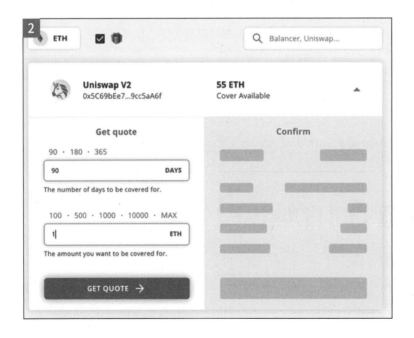

## 3단계

- 아머가 견적을 생성해 오른쪽에 보여준다. BUY NOW(지금 구매)를 클릭하고 지갑을 통해 트랜잭션을 승인한다.
- 보험 가입 성공!

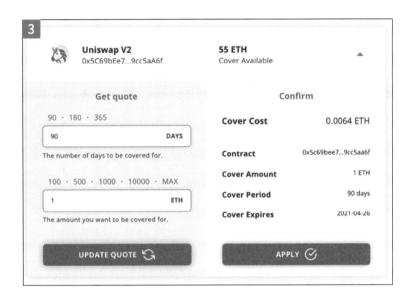

# 12.4 그 밖의 보험 플랫폼

디파이 세계가 발전하여 무르익을수록 트랜잭션이 복잡해지고 디앱이 '머니 레고'로서 서로 다른 디앱들과 조합을 이루는 경향도 늘어난다. 머니 레고라 함은 디파이 아키텍처끼리 조합하기 좋고 호환성이 좋아서 붙여진 별명이다. 프로토콜을 다른 프로토콜 위에 지어 아래 것을 레버리지로 활용하면 둘을 독립적으로 짓는 것보다 낫다. 그러나 조합성이 높다는 것은 양날의 검이다. 하나의 프로토콜에 발생한 장애가 나머지 프로토콜에도 영향을 줄 수 있기 때문이다. 디파이의 발전은 탈중앙화와 혁신을 이끄는 동시에 기술적, 금융, 관리, 스마트 컨트랙트 부문의 잠재적 위험도 키울 것이다.

디파이의 타고난 속성으로 인하여 이런 잠재적 위험에 대응하고 보장받는 사람과 받지 못하는 자의 격차를 해소하는 것은 당분간 쉽지 않을 것이다.

다음으로 근래 디파이 보험 부문에 진출한 두 가지 보험 플랫폼을 소개하겠다. 엔슈어 네트워크Nsure Network와 커버 프로토콜Cover Protocol이다.

## 엔슈어 네트워크

엔슈어 네트워크는 보험 리스크를 거래하는 마켓플레이스 런던로이즈Lloyd's of London 의 사업 아이디어를 차용한 탈중앙화 보험 프로젝트이다. 엔슈어의 프리미엄(보험료) 요율은 자유 시장과 마찬가지로 동적 가격결정dynamic pricing 모델에 따라, 즉 자본의 수요와 공급에 따라 결정된다.

엔슈어 네트워크의 거버넌스 토큰 엔슈어NSURE는 팔린 보험증권의 양으로 뒷받침된 다. 자본의 수급에 따라 엔슈어의 가격이 자체적으로 조정될 수 있으나, 기반 모델에 따라 결국 안정화된다. 뮤추얼 모델을 따르는 넥서스 뮤추얼과 달리, 엔슈어 네트워크는 주주 모델을 따른다. 즉 엔슈어 네트워크 토큰은 네트워크의 지분을 보유하는 것과 같다.

## 커버 프로토콜

커버 프로토콜은 P2P 보험 마켓플레이스로서 예측 마켓과 유사하게 작동한다. 다른 보험 프로토콜과 달리, 거버넌스 토큰이 리스크를 인수하는 데 쓰이지 않는다.

A peer-to-peer coverage market

커버 프로토콜의 적용 범위를 부트스트랩하기 위해, 시장 조성자는 다이 또는 y다이 담보물을 예치해서 CLAIM 및 NOCLAIM 토큰을 발행할 동기를 가지게 된다. 커버 프로토콜 보험은 선택된 프로토콜에 적용되며 저마다의 만료일이 있다. 만료 기간까지 CLAIM 또는 NOCLAIM 토큰은 담보물에 대한 완전한 소유권을 갖는다.

가령 100다이가 정해진 만료일까지 컴파운드 프로토콜에 대해 보험을 제공하는 데 쓰이는 경우, 100 CLAIM 토큰과 100 NOCLAIM 토큰이 생성된다. 만료일이 되었을 때 유효한 청구 건이 있었다면 모든 CLAIM 토큰은 1다이를 받고, NOCLAIM 토큰은 가치가 소멸되어 만료된다. 반대로 유효한 청구 건이 없었다면 모든 NOCLAIM 토큰은 1다이를 받는 반면 모든 CLAIM 토큰은 가치가 소멸되어 만료된다.

100다이 가치만큼 보장을 받으려면 거래소에서 100 CLAIM 토큰을 매수해야 한다. 유효한 청구 건이 있으면 보험 만료 시 100다이를 받을 수 있기 때문이다. 그러므로 100개의 CLAIM 토큰을 매수하는 비용이 바로 보험료insurance premium가 된다.

## 12.5 결론

보험 분야는 아직까지 디파이 시장에서 니치 마켓niche market(틈새시장)이라 일반적으로는 소매 시장 참여자가 거의 없다. 하지만 디파이 세계에 위험을 초래하는 공격자들이 늘어날수록 위험 관리 툴에 대한 수요도 반드시 커질 것이다.

결론적으로 보험에 가입할지 말지는 사용자의 선택에 달려 있다. 갓 태어난 디파이 시장에서는 무슨 일이 벌어질지 장담할 수 없기 때문에, 필진은 보험 가입을 권장한다.

## 12.6 읽을거리

1. 디파이 시장 재무 위험 가이드
   https://defiprime.com/risks-in-defi

2. 넥서스 뮤추얼 NXM 토큰 소개
   https://medium.com/nexus-mutual/-b468bc537543

3. 넥서스 뮤추얼
   https://tokentuesdays.substack.com/p/nexus-mutual

4. 본딩 커브와 넥서스 뮤추얼의 잠재력
   https://tokentuesdays.substack.com/p/the-potential-for-bonding-curves

5. 넥서스 뮤추얼에 관심을 가져야 하는 이유
   https://twitter.com/DeFi_Dad/status/1227165545608335360

6. 커버 프로토콜 — 탈중앙화 보험 마켓플레이스
   https://defiprime.com/cover-protocol

7. Armor.fi 살아 숨쉬는 안내서
   https://armorfi.gitbook.io/armor

8. Armor.fi 출시 한 달 만에 보험 판매액 8억 달러 돌파
   https://twitter.com/ArmorFi/status/1365872579119108098

# 거버넌스

시중에 나와 있는 효과적인 거버넌스를 위한 지침서들은 대부분 규모가 큰 공기업을 타깃으로 한다. 디파이 프로토콜이 거버넌스를 성공적으로 운영하려면 기존 내용보다 훨씬 혁신적인 방안들이 구현되어야 한다.

각기 다른 지역에 살면서 저마다의 목표를 가지고 있으며 익명으로 운영되는 글로벌 온라인 커뮤니티를 관리해야 한다고 상상해보자. 여기에 막대한 자본이 결부되고 구성원 간의 소통은 텔레그램Telegram이나 디스코드Discord 같은 소셜 미디어 플랫폼으로 극히 제한된다면 문제는 더 복잡해진다.

그렇다면 디파이 프로젝트는 이런 상충되는 이해관계와 알력을 어떻게 관리해야 할까? 자금 운용 및 자원 배분에 관한 의사결정권은 누구의 손에 달려 있을까? 어떤 과제를 최우선 순위로 해야 할까?

디파이 프로토콜은 기존의 중앙집중화된 관리 구조에서 벗어나 온체인에 인코딩된 규칙 외에는 아무것도 따를 이유가 없다. '코드가 곧 법이다'라는 말이 여기서 나온다.

디파이 프로토콜은 탈중앙화 자율조직DAO 형태를 갖춘다. DAO는 블록체인 위 스마트 컨트랙트가 통치하는 조직이다. DAO는 중앙관리자 없이 여러 무리의 사람들이 협력하여 공통의 미션을 달성하기 위해 규칙을 만들고 공유한다.

디파이 프로토콜에서의 거버넌스를 실현하기 위해 컴파운드 같은 프로젝트에서는 거버넌스 토큰 모델governance token model을 개척했다. 거버넌스 토큰 소유자는 투표권을 부여받아 커뮤니티 구성원이 제출한 프로토콜에 관한 제안서에 찬반 의사를 표할 수 있다.

물론 이 시스템은 완벽하지 않다. 무관심으로 인한 투표율 저조, 부담스러운 참여 비용(가스비), 효력 없는 투표 결과(정족수 미달) 등 다양한 문제가 있다. 하지만 디파이는 아직 걸음마 단계라는 사실을 잊지 말자. 보다 참신하고 진보한 거버넌스 시스템이 나오기 전까지는 거버넌스 토큰 모델을 쓰지 않을까 싶다.

디파이 프로토콜이 어떤 방식으로 스스로 통치하는지 알아봤다. 이제 거버넌스 툴을 제공하는 두 가지 프로젝트를 소개하겠다. 아라곤Aragon과 스냅샷Snapshot이다.

## 13.1 아라곤

### 아라곤

아라곤은 커뮤니티가 주도하여 탈중앙화 조직이 번창하기 위해 필요한 툴을 개발하고 자유를 얻도록 하는 미션을 가진 프로젝트이다. 사람들은 기술이 엄청난 속도로 발전하면서 중앙집중식으로 통제, 감시, 억압하는 글로벌 체제에 일조하는 것이 아니냐는 우려를 한다. 아라곤은 자유, 개방성, 공정성이 보장된 사회를 만들고자 한다.

아라곤은 회사 같은 조직 구조를 설립하고 유지하는 일을 중단하고자 생겨났다.

아라곤 프로젝트는 비영리단체인 아라곤 협회Aragon Association가 관리하고 있다. 아라곤 협회는 스위스 추크Zug에 본거지를 두며, 아라곤 네트워크 토큰Aragon Network Token, ANT 소유자에 의해 통치가 이루어진다.

## 아라곤 법원

아라곤 법원Aragon Court은 기존 경제사회에 존재하는 법원의 기능을 모방하도록 아라곤에서 만들어놓은 솔루션이다. 분쟁 발생 시 참여자들은 해당 건을 아라곤 법원으로 보낼 수 있고, 그러면 아라곤 법원에서 배심원juror들이 벌금을 낼 패소자를 판결하게 된다.

배심원은 배심원 풀에서 무작위로 선정되어 아라곤 법원Aragon Court, ANJ 토큰을 예치하고 분쟁 사안을 검토 및 판결한다. 기존 법원 제도와는 다르게, 배심원은 다수의 의견에 투표했을 경우 분쟁 수수료의 형태로 보상받는다. 이렇게 아라곤 법원 시스템은 편견 없는 의사결정이라기보다 사회적 합의에 의존한다.

소수의 의견에 투표한 배심원은 ANJ 토큰의 일부를 내놓아야 한다. 이들이 내놓은 토큰은 다수에게 투표한 배심원에게 보상으로 주어진다. 투표 결과가 만족스럽지 않은 경우 누구라도 수수료를 지불하여 더 많은 수의 배심원단이 분쟁을 검토할 수 있도록 항소할 수 있다. 그리고 이 과정은 배심원 풀의 전원이 분쟁에 관해 투표할 때까지 반복될 수 있다.

배심원으로 선정되어 받는 분쟁 수수료 외에도 매월 토큰 예치에 따른 구독료 subscription fee도 얻을 수 있다.

## 배심원으로 선정되는 방법

배심원으로 선정되기 위해서는 아라곤 법원 토큰 ANJ를 최소 1만 개 보유하고 있어야 한다. ANJ는 유니스왑 등의 DEX에서 구매할 수 있다. ANJ를 생성하려면 본딩 커브에 아라곤 토큰 ANT를 예치lock해야 한다. ANT 예치량이 많을수록 더 많은 ANJ가 생성된다.

집필 시점에서 ANJ와 ANT의 합병이 진행 중이다. 커뮤니티에서 두 토큰이 굳이 나뉘어 있을 필요가 없고 복잡성만 키운다고 결론지었기 때문이다. 합병은 2단계로 이루어질 것으로 예상된다.

1단계에서 ANJ 보유자는 ANJ당 0.015 ANT로 토큰을 환급받을 수 있다. 2단계에서는 ANJ 보유자가 예치된 ANT를 환급받을 수 있게 된다. 교환 비율은 12개월 예치 기간 기준 1 ANJ당 0.044 ANT이다.

## 아라곤 사용자

아베와 커브 같은 유명한 디파이 프로젝트에서 아라곤을 사용한다. 2021년 6월 기준 1,700개 이상의 DAO가 생겨났고 아라곤에 저장된 달러 가치는 9억 달러에 이른다.[1]

## 13.2  아라곤 단계별 사용 가이드

### 1단계

- 아라곤 클라이언트 페이지(https://client.aragon.org)에 접속하여 Open an existing organization(현존하는 조직 열기)를 선택한다.

---

1   https://poweredby.aragon.org

## 2단계

- 예제에서는 아베고치Aavegotchi, GHST 프로토콜에 투표하겠다. aavegotchi라고
  입력하면 녹색 체크 표시가 뜨면서 해당 조직이 존재한다는 것을 확인할 수
  있다.
- Open organization(조직 열기)를 클릭한다.

## 3단계

- 왼쪽 메뉴에서 Voting(투표)를 클릭하면 공개된 투표 건수가 표시된다.

- 투표하고자 하는 대상을 선택한다.[2]

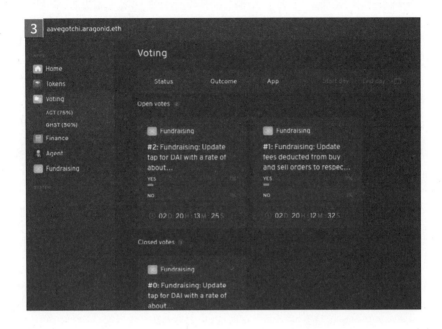

## 4단계

- Yes 또는 No를 선택하고 메타마스크를 통한 트랜잭션을 완료한다.

- 투표에 성공했다!

---

2 [옮긴이] 예제에서는 열린(open) 투표 대상이 있으므로 실제로 투표를 했지만, 번역 시점에서 열린 상태의 안건은 없었다.

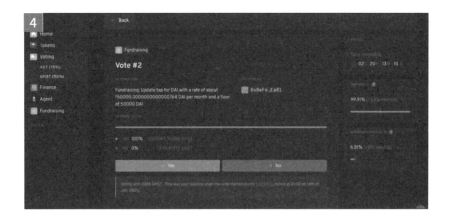

### 스냅샷

이더리움 가스비가 점점 상승하면서 온체인에서 투표할 때 들여야 하는 비용이 감당할 수 없을 정도로 비싸졌다. 따라서 소액의 토큰을 보유한 사람들은 거버넌스에 참여하기 부담스러울 수밖에 없었다. 스냅샷은 오프체인에서 투표 스냅샷을 찍어 투표할 때 가스비를 없앨 수 있는 해결책을 내놓았다.

스냅샷을 이용하여 거버넌스 시스템을 셋업하는 디파이 프로젝트들이 속속 등장하고 있다. 스냅샷은 무료로 사용 가능하며, 2021년 1월 기준 418개의 프로젝트가 스냅샷에 등록하여 사용 중이다.

## 스냅샷의 한계

스냅샷은 오프체인에서 투표를 진행하므로 그 결과가 온체인에서 스마트 컨트랙트에 의한 구속력이 없다. 프로젝트 팀이나 멀티-시그multi-sig[3] 보유자들은 투표 결과를 온체인상에서 수행해야 하나, 투표 결과에 논쟁이 있는 경우에는 적용되지 않을 수도 있다.

어찌 보면 스냅샷은 실행 권한이 여전히 특정 주체에 있는 설문 조사에 불과하다. 이것은 권력이 어느 정도 중앙집중화되어 있다는 의미이다. 그럼에도 스냅샷은 실용성과 경제성을 갖추고 디파이 거버넌스 참여율을 높일 수 있는 솔루션으로 자리 잡았다.

## 13.4 스냅샵 단계별 사용 가이드

### 1단계

- 스냅샷 사이트(https://snapshot.page)에 접속하여 투표하고 싶은 프로젝트를 선택한다.
- 예제에서는 스시스왑을 살펴보겠다. Sushi를 클릭한다.

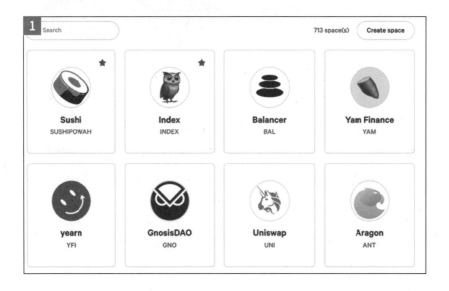

---

3   옮긴이 다중서명의 약자로 트랜잭션 하나의 처리에 복수 개의 서명을 사용하겠다는 의미

## 2단계

- 현재 진행 중인 투표 제안proposal을 클릭한다. 예제에서는 첫 번째 제안을 선택했다.

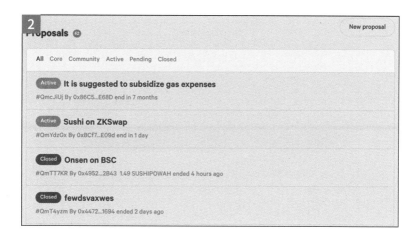

## 3단계

- 제안을 읽어보고 Vote(투표) 버튼이 보일 때까지 아래로 스크롤한다.[4] 투표한 주소의 이력을 볼 수 있다. 투표를 위해서는 SUSHI 토큰이 필요하다.
- 투표하려는 옵션을 선택한 후 Vote(투표) 버튼을 클릭한다.

---

4  [옮긴이] 번역 시점에서 스냅샷 사이트는 한국어를 지원한다. 번역 시점에서 스시스왑에서는 모든 안건이 닫힌 (Closed, '닫음'으로 표시됨) 상태다. 다른 프로젝트에 들어가서 열린(Active, '활동적인'으로 표시됨) 안건들에 투표할 수 있다.

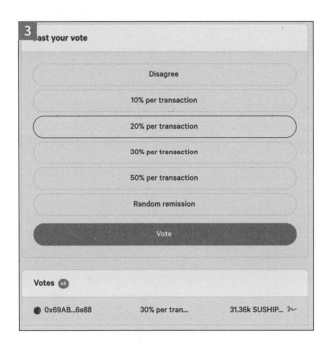

## 4단계

- 지갑을 연결하지 않았다면 지갑을 연결하라고 나올 것이다.
- 지갑 연결 후, Your voting power(투표권) 등 투표 내용을 확인한 후 Vote(투표)를 클릭한다.

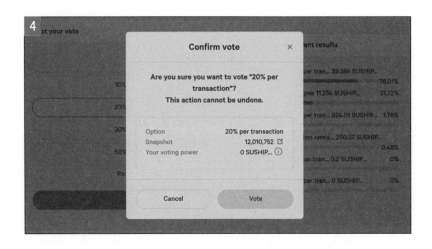

**5단계**

- 서명 메시지에서 Sign(서명)을 클릭한다. 이때 수수료는 발생하지 않는다.

- 투표에 성공했다. 제안 페이지로 돌아가면 자신의 투표 기록을 확인할 수 있다.

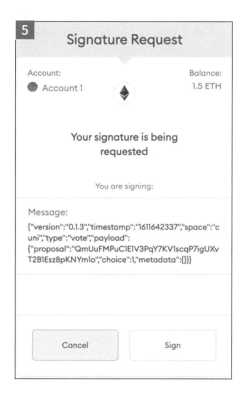

## 13.5 읽을거리

1. 아라곤 탈중앙화 자율조직

   https://www.placeholder.vc/blog/2020/5/7/aragon-daos

2. 사람들은 우리가 구축 중인 DAO 기술을 절실히 바라고 있다

   https://decrypt.co/32280

3. 현재 발전 속도로는 DAO가 세상을 통치하기 힘들 것이다

   https://www.coindesk.com/daos-govern-world-pace

4. 기적의 힘: 오프체인 투표 후 온체인 실행
   https://aragon.org/blog/snapshot

5. 탈중앙화 거버넌스. 권력을 시민에게 쥐어주는 방법
   https://trustwallet.com/blog/decentralized-governance-power-in-hands-of-people

6. DAO 아니면 죽음을: 암호화 프로젝트의 오프체인 거버넌스를 완전히 탈중앙화하는 법
   https://otonomos.medium.com/bfcca8ef746b

# CHAPTER 14

# 디파이 대시보드

디파이 대시보드dashboard는 모든 디파이 관련 활동을 한곳에서 모아서 볼 수 있는 플랫폼이다. 여러 디파이 프로토콜에 산재한 자산 현황을 추적하고 시각화해서 보기 편하게 해주는 도구이다. 일반적으로 보유한 자산을 예치, 대출, 투자 내역 등 카테고리별로 나누어서 볼 수 있다.

## 14.1 대시보드와 ENS

우리가 사용하는 이더리움 주소는 다음과 같은 형태일 것이다.

- `0x4Cdc86fa95Ec2704f0849825f1F8b077deeD8d39`

대시보드 서비스에서는 이러한 이더리움 주소 대신 본인의 이더리움 네임 서비스 Ethereum Name Service, ENS 도메인을 입력해도 된다. ENS 도메인은 사람이 읽을 수 있는 형태로 만든 주소로, 비용을 지불하고 구입하여 일정 기간 사용할 수 있다. 마치 https://www.coingecko.com라는 인터넷 도메인 이름이 코인게코가 호스팅되는 서버의 IP 주소에 연결되는 것과 같은 원리다.

자신만의 ENS 도메인을 만들고 싶다면 코인게코의 ENS 가이드(https://bit.ly/3eC8vhE)를 참고하자. 물론 ENS 도메인은 어디까지나 필수가 아닌 선택 사항이다.

시중에는 자산을 추적할 수 있는 대시보드가 여럿 있다. 시장을 주도하는 두 가지 프로젝트로 재퍼Zapper(구 디파이스냅DeFiSnap)와 제리온Zerion이 있다.

대시보드가 어떻게 작동하는지 간단히 살펴보는 목적으로 재퍼 단계별 사용 가이드를 마련했다.

## 14.2 재퍼 단계별 사용 가이드

### 1단계

- 재퍼 사이트(https://zapper.fi)에 접속한다.
- ENS 도메인 또는 이더리움 주소를 입력한다.
- 필진은 ENS 도메인인 `defiportal.eth`를 입력했다. 이는 다음 이더리움 주소에 해당하며, 이 이더리움 주소를 직접 입력해도 된다.
  - `0x358a6c0f7614c44b344381b0699e2397b1483252`

## 2단계

- 주소를 입력했으면 해당 주소에 대한 대시보드 화면이 표시된다.

- 지갑 잔고, 디파이 예금/투자/이자 농사/부채 내역을 확인할 수 있다.

- 아래로 스크롤하면 자산이 예치되어 있는 프로토콜 목록을 확인할 수 있다.

## 3단계

- 이처럼 재퍼는 한 화면에 디파이 금융에 관한 세부 내역을 모두 표시해주기 때문에 온체인에서의 자산 배분 내역을 파악하는 데 용이하다.

- 그림에서 볼 수 있듯 토큰 스왑, 유동성 공급, 이자 농사 등 세부 내역을 쉽게 확인함으로써 투자 결정을 내리는 데 도움을 준다.

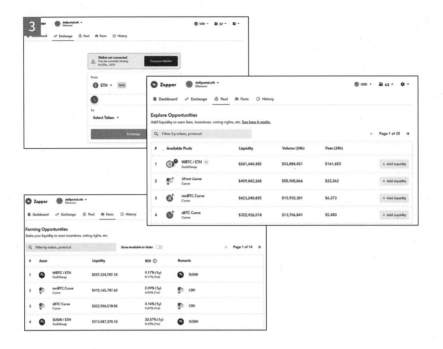

## 14.3 그 밖의 대시보드

또 다른 대시보드들로는 다음과 같은 것들이 있다.

1. **제리온**
   https://zerion.io

2. **마이디파이**(제리온이 인수했으나 여전히 운영 중)
   https://mydefi.org/apps

3. **프론티어**(모바일 전용 대시보드)
   https://frontierwallet.com

4. **디뱅크**
   https://debank.com

5. **언스펜트**
   https://unspent.io

# 디파이 활용 사례와 미래

# CHAPTER 15

# 디파이 활용 사례

앞의 장들을 통해 디파이의 중요성과 그 생태계 안에서 사용 가능한 제품들에 관해 알 아봤다. 하지만 여전히 디파이 디앱이 얼마큼 탈중앙화가 되어 있는지, 그리고 실생활에 서 쓰고 있는 사람들이 진짜 있긴 한 건지 의문이 들지도 모르겠다. 이번 장에서는 디파 이 실제 활용 사례를 통해 디파이가 얼마나 견고하고 유용한지 살펴보겠다.

## 15.1 아르헨티나의 인플레이션에서 살아남는 법

메이커다오의 스마트 컨트랙트 총괄인 마리아노 콘티Mariano Conti는 2019년 10월에 열 린 이더리움 개발자 콘퍼런스 데브콘 5Devcon 5 Ethereum conference의 연사로서 아르헨 티나의 살인적 인플레이션 속에서 생존하는 방법에 관해 발표했다(https://slideslive. com/38920018). 2019년 아르헨티나의 물가 상승률은 28년 만에 최고치인 53.8%에 달했 다. 이로써 아르헨티나는 세계적으로 가장 높은 인플레이션율을 기록한 5대 국가로 기 록됐다.[1]

---

1   https://www.reuters.com/article/idINKCN1VX09U

화폐가치가 매년 반절이 되는 나라에서 산다는 것은 정말 힘겨운 일이다. 마리아노는 아르헨티나에서 살아남기 위해 임금을 다이DAI로 받기를 원했다. 앞에서 살펴봤듯이 다이는 스테이블코인으로서 미국 달러에 페깅되어 있다. 마리아노는 아르헨티나 사람들이 미국 달러의 가치를 아주 높게 친다고 말했다. 미국 달러도 인플레이션의 우려가 있지만 자국 통화인 페소에 비하면 아무것도 아니었다.

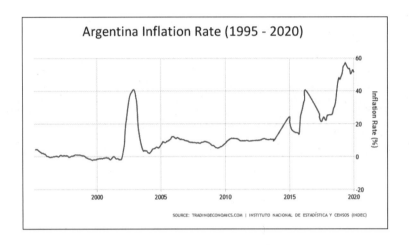

**아르헨티나의 물가 상승률(1995~2020년)** 출처 tradingeconomics.com/argentina/inflation-cpi

미국 달러가 그토록 아르헨티나 사람들에게 인기가 많다면 자연스럽게 누구나 자산을 미국 달러로 갖고 있길 원하게 된다. 하지만 아르헨티나 정부는 자본 통제를 통해 미국 달러를 쉽게 갖지 못하는 정책을 폈다. 정부의 달러 매입 제한 정책에 따라 아르헨티나 국민들은 미국 달러를 한 달에 최대 200달러만 구매할 수 있다. 이에 따라 미국 달러 암시장 수요가 득세하게 되었고, 암시장에서의 미국 달러 대 페소의 환율은 정부가 공식 발표한 수치보다 약 30%나 높았다.[2]

정부는 달러 매입 제한뿐만 아니라 아르헨티나 중앙은행을 통해 매입 한도 1만 달러를 초과한 국민 800명의 이름, 주민번호, 납세자 식별번호까지 공개했다.[3] 게다가 해

---

2  https://www.reuters.com/article/idUSKBN1ZZ1H1

3  https://beincrypto.com/argentina-central-bank-exposed-sensitive-information-of-800-citizens

외 기업에 고용되어 미국 달러로 임금을 받는 아르헨티나 국적 노동자들은 돈을 받은 직후 5일 이내에 전부 페소로 환전하게 했다.

마리아노에 따르면 몇 해 전에는 여러 아르헨티나 국적 프리랜서들이 임금을 비트코인으로 받는 걸 선호했다고 한다. 2018년 이전 한참 비트코인 가격이 상승장을 타고 있을 때는 이 방안이 유효했지만, 이후 비트코인 시세가 하락장에 들어서자 비트코인을 재빨리 페소로 교환해야 했다. 그렇지 않으면 임금이 무자비하게 깎이는 셈이 되었다. 비트코인이 많은 아르헨티나 사람에게 대체 임금 지불 수단으로 각광을 받기는 했으나, 급변하는 시세 때문에 사람들은 이보다 '더 나은 돈'의 형태를 찾았다.

마리아노는 다이를 선택했다. 다이는 암호화폐의 성질을 가지면서도 미국 달러에 가치가 고정되어 있었기 때문이다. 그렇다면 그는 다이를 어떻게 쓰고 있을까? 한 달에 한 번 그는 집 임대료, 식료품비, 카드비 등을 지불하기 위해 필요한 최소한의 다이를 출금해 쓰고 아르헨티나 페소 보유량은 가능한 한 제로에 가깝게 유지했다.

그는 또한 암호화폐 트랜잭션을 할 때도 다이를 사용했다. 예를 들어 다이로 이더를 매입하거나 다이를 저축 계좌에 예치했다. 이로써 스테이블코인을 예치한 대가로 발생하는 이자 수익을 거둘 수 있었다. 다이를 사용하지 않았다면 절대 얻지 못할 수입원이다. 마리아노는 디파이 디앱을 사용하면서 스마트 컨트랙트나 플랫폼이 공격받아 입을 수 있는 손실의 위험에 노출된다는 사실을 이해하고 있었다. 다만 아르헨티나 페소를 들고 있는 위험 역시 만만치 않다고 생각했다.

마리아노가 임금을 다이로 받게 되면서 가격 변동성, 인플레이션, 정부 통제 등 그가 직면한 여러 악조건에서 탈출할 수 있었다. 이 문제는 아르헨티나 외에도 많은 나라가 겪고 있다. 이 사례야말로 디파이가 비슷한 처지에 놓인 많은 사람에게 꽤 가치 있는 역할을 할 수 있다는 것을 방증한다.

다시 소개하자면 마리아노의 발표 영상 주소는 다음과 같다. 한 번쯤 시청하는 것을 권한다.

- https://slideslive.com/38920018

## 15.2 유니스왑 사용 금지

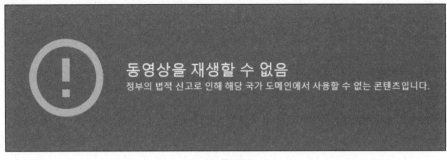

**낯익은 화면**

아마 많은 사람이 위와 같은 화면을 마주한 경험이 있을 것이다. 사용자의 지리적 위치 또는 관련 기관의 검열로 인해 영상이나 모바일 앱을 사용할 수 없게 되는 일이 있다. 화나고 짜증 나는 상황이지만 다른 방법으로 접근하면 된다. 다른 출처를 통해 해당 영상을 검색하거나 같은 서비스를 제공하는 비슷한 또 다른 애플리케이션을 다운로드하면 그만이다.

영상 시청이나 앱 사용을 차단하는 건은 그렇게 파급력이 세지 않을 수도 있다. 그러나 은행이나 금융기관의 이용을 막는 것은 다른 문제이다. 이럴 경우 해당 서비스를 가장 필요로 하는 사람이 최대의 피해자가 된다. 그런 사람들은 대개 수중에 가진 돈이 적기 때문이다. 이들은 마지못해 비용 지불을 위해 대출을 받고 그 대출을 또 다른 대출로 돌려 막으면서 빚의 수렁으로 빠지기 쉽다.

디파이 생태계 역시 검열을 여러 번 당했다. 2019년 12월 일부 국가에서 DEX 중 하나인 유니스왑 사용이 금지된 경우가 유명한 사례 중 하나이다. 당시 유니스왑 측은 특정 국가(벨라루스, 쿠바, 이란, 코트디부아르, 라이베리아, 북한, 수단, 시리아, 짐바브웨)의 사이트(www.uniswap.exchange) 접속을 차단하기 위해 깃허브[4] 코드를 조용히 변경하여 배포했다. 그 결과 다음과 같은 현상이 발생했다.

---

4    당시 기준 주소: https://github.com/Uniswap/uniswap-frontend

웹사이트

지오블록된 국가
나머지 사용자

지오블록(geoblock)[5]의 설치로, 차단된 국가의 사람들은 더는 유니스왑 사이트에 접속할 수 없게 된다.

항간의 소문에 의하면 유니스왑 측은 뉴욕에 본부를 두고 있기 때문에 미국 법을 준수하기 위해 그렇게 할 수밖에 없었다고 한다. 이유야 어찌 됐든, 유니스왑이 사용자의 지리적 위치를 이유로 자사의 서비스를 사용할 수 없게 한다면 그것은 디파이가 추구하는 '어디에 있는 누구든 사용 가능하도록 한다'는 모토와 정반대로 가고 있는 것이 분명하다.

유니스왑의 지역 제한 조치에도 불구하고 숭고한 디파이 정신은 무너지지 않았다. 유니스왑은 조치를 취했지만 프로토콜 이용자들을 막는 데 실패했다. 아니 애초에 막을 수 없던 상황이었다. 유니스왑 프로토콜은 전 세계 누구나 접속 가능한 이더리움 블록체인 위에 구축되어 있기 때문에 제한 조치가 시행된 이후 불과 몇 시간 만에 지역 제한을 두었던 유니스왑 프로토콜에 연결된 여러 사이트가 다시 접속 가능해졌다.

웹사이트

지오블록된 국가
나머지 사용자

대체 사이트

지오블록된 국가
나머지 사용자

**유니스왑은 비허가 프로토콜이기 때문에 접속 방법을 알거나**
**접속 가능한 인터페이스만 있으면 누구나 접속 가능하다.**

---

5   옮긴이 사용자의 지리적 위치에 따라 콘텐츠에 대한 접근을 제한하는 기술

이 사례의 핵심 포인트는, 비록 유니스왑이 프런트엔드(www.uniswap.exchange)에 대한 통제권을 갖을지라도 이더리움 블록체인에 배포된 백엔드(유니스왑 프로토콜)에 대한 접속 통제권은 없다는 것이다.

이 사건을 통해 디파이 프로토콜의 능력이 확연히 드러났다. 기존의 금융 환경에서는 상상도 할 수 없는 일이다. 디파이의 핵심 정신을 거스르려 했던 시도가 결국 디파이의 주된 강점 하나를 세상에 알리는 결정적 역할을 했다.

디파이 애플리케이션의 시련은 이 한 번으로 끝나지 않을 것이다. 디파이가 앞으로 어떤 모습으로 성장할지 지켜볼 생각을 하니 흥미진진하다!

# CHAPTER 16

# 디파이의 미래

앞 장에서 디파이가 걸음마 단계임에도 현실에 적용된 사례를 몇 가지 제시했다. 디파이가 지속 성장함에 따라 주위 기관 및 개인 투자자들이 거액을 유입시키는 모습이 목격되고 있다. 기존 금융시장의 전문가들은 이미 비트코인의 가치를 인식하기 시작했고 그 가치는 종종 디지털 금이라고 표현된다. 이 책을 읽었다면 비트코인은 디파이의 아주 일부분임을 이해할 것이다.

이미 트레드파이traditional finance, TradFi(전통 금융) 시장의 선수들이 디파이 시장의 문을 두드리기 시작했다. 시암 상업 은행Siam Commercial Bank은 알파 파이낸스 랩Alpha Finance Lab에 투자했고 긴밀히 협력하여 기존 및 탈중앙화 금융시장의 격차를 해소할 금융 상품을 개발하기 위해 박차를 가하고 있다.[1] 일드앱YIELD.App는 이자 소득 애그리게이터(헤지펀드와 유사)이자 디파이 생태계에서 패시브 인컴passive income을 얻을 수 있는 포트폴리오 관리 툴과 스마트 컨트랙트 기술을 제공한다. 트레드파이와 디파이 간극이 좁혀지면서 디파이는 점차 대체 금융 생태계로 인정받고 있다.

---

1 https://decrypt.co/46585

트래드파이 입장에서는 디파이가 제공하는 수익 창출의 기회를 무시할 수 없다. 디파이가 미래 금융의 지표로 자리 잡고 있기 때문이다. 이 주장에 반대하는 사람이 있을 수도 있다. 필진이 그렇게 생각하는 근거를 정리해보겠다.

2020년 초 디파이 디앱에 예치된 TVL은 자그마치 10억 달러였다. 다시 말해, 인터넷 상에서 전에 없던 탈중앙화 금융 시스템의 기본 요소, 즉 스마트 컨트랙트에 예치된 프로그래밍 가능한 돈programmable money의 총 액수가 이만큼이라는 뜻이다.

디파이 예치 자산 10억 달러는 기존 금융시장에서 보면 새 발의 피라고 생각할 수 있다. 하지만 디파이 자금 규모의 성장세는 가파르다. 연도별 자산 규모 성장세를 살펴보자.

- **2018년**: TVL이 5천만 달러에서 2억 7500만 달러로 5배 증가했다(환율 1,176원 기준 약 588억 원에서 3,236억 원으로 증가).
- **2019년**: TVL이 6억 6700만 달러(약 7,848억 원)로 2.4배 증가했다.
- **2020년**: TVL이 23.5배 증가한 157억 달러(약 18조 5천억 원)에 달했다.
- **2021년 4월**: TVL이 860억 5000만 달러(약 101조 2천억 원)에 달했다.[2]

이야기를 이어나가기 전에 먼저 디파이를 통해 우리가 누릴 수 있는 점을 갈무리해보자.

- **투명성**: 투명하고 공개 감사 가능한 금융 생태계
- **접근성**: 인종, 성별, 신념, 국적, 지리적 위치로 차별받지 않고 디파이 애플리케이션에 자유롭게 접근 가능
- **효율성**: 프로그래밍 가능한 돈으로 중앙집중화된 중개인 없이 경제적이고 효율적인 금융시장 창출
- **편리성**: 장소/시간에 구애 없이 저렴한 수수료로 암호화폐 지갑을 가진 그 누구에게나 지연 없이 송금 가능

---

2    https://defillama.com/home

이 모든 사항을 종합하면, 비생산적인 자산을 유동성을 공급하는 데 사용하여 만기/예치 등의 제한 없이 이자 수익을 거두고, 복잡한 서류 심사 없이 대출(담보대출)을 받아 언제든 상환할 수 있으며, 자동화 매매를 쉽게 이용할 수 있다.

디파이는 인터넷에 연결되어 있다면 누구든 언제 어디서나 금융 서비스를 이용할 수 있게 해준다. 이것이 바로 접근 용이한 디파이의 힘이며 앞으로 발전 가치는 무궁무진하다.

디파이는 우리의 미래다. 그리고 미래는 바로 지금부터 시작된다.

## 16.1 디파이 사용자 경험은 만족스러운가?

디파이 앱의 접근성은 훌륭하지만 디파이의 전반적인 사용자 경험도 우수한지는 우려되는 부분 중 하나다.

현재 전 세계적으로 많은 디파이 구성원이 사용자 경험을 개선하려고 노력 중이다. 그들이 해결하려고 하는 부분들을 살펴보자.

- **지갑**: 아젠트는 획기적으로 개선된 사용자 중심의 암호 지갑 환경을 개발 중이다. 컴파운드 등 여러 애플리케이션과 통합을 시도하고 있으며, 비밀 문구도 필요하지 않다.

- **상품 참여**: 재퍼는 디파이 제품을 사용하는 데 거쳐야 하는 여러 단계와 복잡성을 줄여 사용자가 단 한 번의 트랜잭션 안에서 다수의 금융 상품에 접근하도록 하여 고객의 시간과 에너지를 아껴준다.

- **사용자 중심의 개발**: 젤라토Gelato는 최근 크립토를 위한 IFTTT[3] 상품을 출시했다. 쉽게 말해 사용자가 설정한 조건이 충족하면 주문한 내용을 실행시킨다. 예를 들어 '이더 가격이 200달러일 때 매수해'라든지 '앨리스의 생일에 용돈 좀 보내' 같은 명령의 실현이 가능해진다.

---

3    [옮긴이] if this, then that의 약자로 특정 조건 A가 충족되면 B를 실행하는 방식

- **보험**: 금융시장은 위험 이전(위험을 부담하는 주체의 변경)의 필요성을 발생시킨다. 자신의 금융 포지션에 대한 헤징을 원하는 자는 위험을 떠안아줄 자에게 비용을 지불해야 한다. 이를 통해 수익을 창출하는 자가 생긴다. 앞서 살펴본 바와 같이 넥서스 뮤추얼을 통해 디파이 자산도 보험에 들 수 있다. 예를 들어 컴파운드 같은 대출 프로토콜에 자금을 예치한 대가로 얻는 이자를 조금 덜 받는 대신 그 돈으로 보험을 들어 마음의 평화를 구할 수 있다.

- **유동성 집합**: 시중에 서로 다른 유동성을 가진 탈중앙화 거래소들이 생겨나면서 사람들은 거래하기 가장 좋은 곳을 고르기 위해 고심하게 된다. 이제 그 고민을 덜어줄 상품들이 생겨났다. 유동성 애그리게이터 1인치, 파라스왑, 마차 등을 이용하면 각 주문에 적합한 거래소를 이용하도록 분산 실행해 가장 좋은 가격에 거래할 수 있게 된다.

- **수익 최적화**: 한정된 자금에 대해서 최고의 이자를 받기 위해 은행들을 전전하던 기억이 있는가? 디파이 세계에서는 그럴 필요가 없다. 이자 소득 애그리게이터 연파이낸스, 아이들 파이낸스Idle Finance, 디파이세이버DeFiSaver 등을 활용하면 최고 수익을 기대할 수 있는 곳으로 당신의 자산을 자동으로 분산 투자할 수 있다.

현재까지는 사용자 경험 부족의 한계를 뒤엎을 만한 '킬러 앱'이 나오지 않고 있지만, 그날이 그리 멀지 않았음을 직감한다.

휴! 드디어 끝났다. 책 집필은 실로 엄청난 경험이었다. 이 글을 끝까지 읽어준 여러분에게도 축하 인사를 전한다. 디파이에 관한 최신 정보를 익히느라 고생한 자신에게 칭찬을 듬뿍 해주자.

이 책을 읽는 데에 시간을 할애해준 독자들께 감사하고 부디 책의 내용이 유용했길 바란다. 우리 역시 책을 집필하고, 연구하고, 배워나가는 과정이 모두 기쁨이었다.

미래의 금융, 디파이 세계에 진입한 것을 다시 한번 환영한다!

## 정보

- **DefiLlama:** https://defillama.com/home
- **DeBank:** https://debank.com/
- **DeFi Prime:** https://defiprime.com/
- **DeFi Pulse:** https://defipulse.com/
- **LoanScan:** http://loanscan.io/

## 뉴스 사이트

- **CoinDesk:** https://www.coindesk.com/
- **CoinTelegraph:** https://cointelegraph.com/
- **Decrypt:** https://decrypt.co/
- **The Block:** https://www.theblockcrypto.com/
- **Crypto Briefing:** https://cryptobriefing.com/

## 뉴스레터

- **Bankless:** https://bankless.substack.com/
- **DeFi Tutorials:** https://defitutorials.substack.com/
- **DeFi Weekly:** https://defiweekly.substack.com/
- **Dose of DeFi:** https://doseofdefi.substack.com/
- **Ethhub:** https://ethhub.substack.com/
- **My Two Gwei:** https://mytwogwei.substack.com/
- **The Defiant:** https://thedefiant.substack.com/
- **Week in Ethereum News:** https://www.weekinethereumnews.com/

## 팟캐스트

- CoinGecko: https://podcast.coingecko.com/
- BlockCrunch: https://castbox.fm/channel/3135936
- Chain Reaction: https://fiftyonepercent.podbean.com/
- Into the Ether – Ethhub: https://podcast.ethhub.io/
- PoV Crypto: https://povcryptopod.libsyn.com/
- Wyre Podcast: https://blog.sendwyre.com/wyretalks/home

## 유튜브

- Yield TV by Zapper: https://www.youtube.com/c/Zapperfi
- Bankless: https://www.youtube.com/c/Bankless
- Chris Blec: https://www.youtube.com/c/chrisblec

## 오픈 파이낸스 레벨업 가이드

- https://bankless.substack.com/p/bankless-level-up-guide

## 대시보드

- **Zapper:** https://zapper.fi/dashboard
- **Frontier:** https://frontierwallet.com/
- **InstaDapp:** https://instadapp.io/
- **Zerion:** https://zerion.io/
- **Debank:** https://debank.com/

## 탈중앙화 거래소

- **SushiSwap:** https://sushi.com/
- **Balancer:** https://balancer.exchange/
- **Bancor:** https://www.bancor.network/
- **Curve Finance:** https://www.curve.fi/
- **Kyber Network:** https://kyberswap.com/

## 애그리게이터

- **1inch:** https://1inch.exchange/
- **Paraswap:** https://paraswap.io/
- **Matcha:** https://matcha.xyz/

## 대출과 차입

- **Compound:** https://compound.finance/
- **Aave:** https://aave.com/
- **Cream:** https://cream.finance/

## 예측 시장

* **Augur:** https://www.augur.net/

## 세금

* **TokenTax:** https://tokentax.co/

## 지갑

* **GnosisSafe:** https://safe.gnosis.io/
* **Monolith:** https://monolith.xyz/

## 농사 최적화기

* **Yearn:** https://yearn.finance/
* **Alpha Finance:** https://alphafinance.io/

# 1장

Bagnall, E. (2019, June 30). Top 1000 World Banks 2019 – The Banker International Press Release – for immediate release. Retrieved February 20, 2020, from https://www. thebanker.com/Top-1000-World-Banks/Top-1000-World-Banks-2019-The-Banker-International-Press-Release-for-immediate-release

Boehlke, J. (2019, September 18). How Long Does It Take to Have a Payment Post Online to Your Bank? Retrieved February 20, 2020, from https://www.gobankingrates.com/banking/checking-account/how-long-payment-posted-online-account/

Demirguc-Kunt, A., Klapper, L., Singer, D., Ansar, S., Hess, J. (2018). The Global Findex Database 2017: Measuring Financial Inclusion and the Fintech Revolution. https://doi.org/10.1596/978-1-4648-1259-0_ch2

How long does an Ethereum transaction really take? (2019, September 25). Retrieved February 20, 2020, from https://ethgasstation.info/blog/ethereum-transaction-how-long/

International Wire Transfers. (n.d.). Retrieved February 20, 2020, from https://www.bankofamerica.com/foreign-exchange/wire-transfer.go

Karlan, D., Ratan, A. L., & Zinman, J. (2014, March). Savings by and for the poor: a research review and agenda. Retrieved February 20, 2020, from https://www.ncbi.nlm.nih.gov/pmc/articles/PMC4358152/

Stably. (2019, September 20). Decentralized Finance vs. Traditional Finance: What You Need To Know. Retrieved from https://medium.com/stably-blog/decentralized-finance-vs-traditional-finance-what-you-need-to-know-3b57aed7a0c2


## 2장

Campbell, L. (2020, January 6). DeFi Market Report for 2019 - Summary of DeFi Growth in 2019. Retrieved from https://defirate.com/market-report-2019/

Mitra, R. (n.d.). DeFi Use cases: The Best Examples of Decentralised Finance. Retrieved from https://blockgeeks.com/guides/defi-use-cases-the-best-examples-of-decentralised-finance/#_Tool_2_DeFi_Derivatives

Shawdagor, J. (2020, February 23). Sectors Realizing the Full Potential of DeFi Protocols In 2020. Retrieved from https://cointelegraph.com/news/sectors-realizing-the-full-potential-of-defi-protocols-in-2020

Thompson, P. (2020, January 5). Most Significant Hacks of 2019 - New Record of Twelve in One Year. Retrieved February 20, 2020, from https://cointelegraph.com/news/most-significant-hacks-of-2019-new-record-of-twelve-in-one-year


## 3장

What is Ethereum? (2020, February 11). Retrieved from https://ethereum.org/what-is-ethereum/

Rosic, A. (2018). What is Ethereum Gas? [The Most Comprehensive Step-By-Step Guide!]. Retrieved from https://blockgeeks.com/guides/ethereum-gas/

Rosic, A. (2017). What Are Smart Contracts? [Ultimate Beginner's Guide to Smart Contracts]. Retrieved from https://blockgeeks.com/guides/smart-contracts/

## 4장

Lee, I. (2018, June 22). A Complete Beginner's Guide to Using MetaMask. Retrieved from https://www.coingecko.com/buzz/complete-beginners-guide-to-metamask

Lesuisse, I. (2018, December 22). A new era for crypto security. Retrieved from https://medium.com/argenthq/a-new-era-for-crypto-security-57909a095ae3

Wright, M. (2020, February 13). Argent: The quick start guide. Retrieved from https://medium.com/argenthq/argent-the-quick-start-guide-13541ce2b1fb

## 5장

The Maker Protocol: MakerDAO's Multi-Collateral Dai (MCD) System (n.d.). Retrieved February 20, 2020, from https://makerdao.com/whitepaper/

MKR Tools (n.d.). Retrieved February 20, 2020, from https://mkr.tools/governance/stabilityfee

Maker Governance Dashboard (n.d.). Retrieved February 20, 2020, from https://vote.makerdao.com/pollin

Currency Re-imagined for the World: Multi-Collateral Dai Is Live! (2019, November 18). Retrieved from https://blog.makerdao.com/multi-collateral-dai-is-live/

Dai is now live! (2017, December 19). Retrieved from https://blog.makerdao.com/dai-is-now-live/

DSR. (n.d.). Retrieved February 20, 2020, from https://community-development.makerdao.com/makerdao-mcd-faqs/faqs/dsr

John, J. (2019, December 4). Stable Coins In 2019. Retrieved from https://www.decentralised.co/what-is-going-on-with-stable-coins/

Tether: Fiat currencies on the Bitcoin blockchain. (n.d.). Tether Whitepaper. Retrieved from https://tether.to/wp-content/uploads/2016/06/TetherWhitePaper.pdf

## 6장

Kulechov, S. (2020). The Aave Protocol V2. Retrieved 28 January 2021, from https://medium.com/aave/the-aave-protocol-v2-f06f299cee04

Leshner, R. (2018, December 6). Compound FAQ. Retrieved from https://medium.com/compound-finance/faq-1a2636713b69

(2021). Retrieved 28 January 2021, from https://docs.aave.com/portal/

(2021). Retrieved 28 January 2021, from https://github.com/aave/governance-v2

## 7장

Connect to Uniswap. (n.d.). Retrieved from https://docs.uniswap.io/frontend-integration/connect-to-uniswap#factory-contract

Introducing 1inch v2. Retrieved 28 January 2021, from https://1inch-exchange.medium.com/introducing-1inch-v2-defis-fastest-and-most-advanced-aggregation-protocol-c42573dc3f85

Peaster, W. (2020). Initial DeFi Offering. Retrieved from https://defiprime.com/initial-defi-offering

Uniswap: Stats, Charts and Guide: DeFi Pulse. (n.d.). Retrieved from https://defipulse.com/uniswap

Uniswap Whitepaper. (n.d.). Retrieved from https://hackmd.io/@Uniswap/HJ9jLsfTz

Zhang, Y., Chen, X., & Park, D. (2018). Formal Specification of Constant Product (x x y = k) Market Maker Model and Implementation. Retrieved from https://github.com/runtimeverification/verified-smart-contracts/blob/uniswap/uniswap/x-y-k.pdf

## 8장

Tulip Mania (n.d.). Retrieved from https://penelope.uchicago.edu/~grout/encyclopaedia_romana/aconite/tulipomania.html

Chen, J. (2020, January 27). Derivative. Retrieved from https://www.investopedia.com/terms/d/derivative.asp

Decentralised synthetic assets. (n.d.). Retrieved from https://www.synthetix.io/products/exchange/

Synthetix.Exchange Overview. (2019, February 15). Retrieved from https://blog.synthetix.io/synthetix-exchange-overview/

Synthethix Litepaper v1.3. (2019). Retrieved from https://www.synthetix.io/uploads/synthetix_litepaper.pdf

## 9장

Making Sense of the Mutual Fund Scandal Everything you may not want to ask (but really should know) about the crisis that's rocking the investment world. (2003, November 24). Retrieved from https://money.cnn.com/magazines/fortune/fortune_archive/2003/11/24/353794/index.htm

The Editors of Encyclopaedia Britannica. (2020, February 26). Bernie Madoff. Retrieved from https://www.britannica.com/biography/Bernie-Madoff

Frequently Asked Questions on TokenSets. (n.d.). Retrieved from https://www.tokensets.com/faq

Liang, R. (2019, April 23). TokenSets is Live: Automate your Crypto Portfolio Now. Retrieved from https://medium.com/set-protocol/tokensets-is-live-automate-your-crypto-portfolio-now-50f88dcc928d

Sawinyh, N. (2019, June 17). Interview with TokenSets creators. Retrieved from https://defiprime.com/tokensets

Sassano, A. (2019, June 19). How Set Protocol Works Under the Hood. Retrieved from https://medium.com/@AnthonySassano/how-set-protocol-works-under-the-hood-74fcdae858e2

Sassano, A. (2020, January 22). Set Social Trading is Now Live on TokenSets. Retrieved from https://medium.com/set-protocol/set-social-trading-is-now-live-on-tokensets-c981b5e67c5f

Sassano, A. (2020). What To Expect With Set V2. Retrieved 28 January 2021, from https://medium.com/set-protocol/what-to-expect-with-set-v2-15459581c6d4

## 10장

Cusack, L. (2020, February 3). PoolTogether raises $1 Million to Expand Prize Linked Savings Protocol. Retrieved from https://medium.com/pooltogether/pooltogether-raises-1-million-to-expand-prize-linked-savings-protocol-eb51a1f88ed8

Guillén, M.F., Tschoegl, A.E. Banking on Gambling: Banks and Lottery-Linked Deposit Accounts. Journal of Financial Services Research 21, 219–231 (2002). https://doi.org/10.1023/A:1015081427038

H.148. (2019). Retrieved from https://legislature.vermont.gov/bill/status/2020/H.148

Lemke, T. (2019, February 21). What Are Prize-Linked Savings Accounts? Retrieved from https://www.thebalance.com/what-are-prize-linked-savings-accounts-4587608

LLC, P. T. (n.d.). PoolTogether. Retrieved from https://www.pooltogether.com/#stats

Markets. (n.d.). Retrieved from https://compound.finance/markets

PoolTogether. (2020, February 8). Wow! The winner of the largest prize ever only 10 Dai deposited! They won $1,648 Dai A 1 in 69,738 chance of winning. Congrats to the little fish! pic.twitter.com/0DSFkSdbIE. Retrieved from https://twitter.com/PoolTogether_/status/1225875154019979265

Texas Proposition 7, Financial Institutions to Offer Prizes to Promote Savings Amendment (2017). Retrieved from https://ballotpedia.org/Texas_Proposition_7,_Financial_Institutions_to_Offer_Prizes_to_Promote_Savings_Amendment_(2017)

## 11장

Bramanathan, R. (2020, February 1). What I learned from tokenizing myself. Retrieved from https://medium.com/@bramanathan/what-i-learned-from-tokenizing-myself-bb222da07906

## 12장

Blockchain, F. (2019, December 4). The Potential for Bonding Curves and Nexus Mutual. Retrieved from https://tokentuesdays.substack.com/p/the-potential-for-bonding-curves

Blockchain, F. (2019, October 2). Nexus Mutual. Retrieved from https://tokentuesdays.substack.com/p/nexus-mutual

Codefi Data. (n.d.). Retrieved from https://defiscore.io/

defidad.eth, D. F. D.-. (2020, February 11). @NexusMutual is a decentralized alternative to insurance, providing the #Ethereum community protection against hacks. Here's why it should be on your radar:➕Anyone can buy smart contract insurance➕Being a backer (staker) can earn up to 50% ROI➕It's powered by #Ethereum. Retrieved from https://twitter.com/DeFi_Dad/status/1227165545608335360?s=09

Docs. (n.d.). Retrieved from https://nexusmutual.gitbook.io/docs/docs#pricing

Karp, H. (2019, May 22). Nexus Mutual Audit Report. Retrieved from https://medium.com/nexus-mutual/nexus-mutual-audit-report-57f1438d653b

Karp, H. (2019, June 5). Nexus Mutual NXM Token Explainer. Retrieved from https://medium.com/nexus-mutual/nexus-mutual-nxm-token-explainer-b468bc537543

Russo, C. (2020, February 19). Arbs made ~$900K in seconds by exploiting DeFi. It's mind-blowing stuff. Here's The Defiant post w/ exploits' twisted steps (in pics), qs raised about decentralization and price oracles, and consequences so far. What's your take on the blame game? Retrieved from https://twitter.com/CamiRusso/status/1229849049471373312

Token Model. (n.d.). Nexus Mutual: A decentralised alternative to insurance. Retrieved from https://nexusmutual.io/token-model

Welcome to the Nexus Mutual Gitbook. (n.d.). Retrieved from https://nexusmutual.gitbook.io/docs/

Coingecko. (2019). CoinGecko Quarterly Report for Q3 2019. Retrieved from https://assets.coingecko.com/reports/2019-Q3-Report/CoinGecko-2019-Q3-Report.pdf

Defiprime. (2020, February 13). what's the key difference vs. @NexusMutual ? Retrieved from https://twitter.com/defiprime/status/1227720835898560513

Karp, H. (2019, November 15). Comparing Insurance Like Solutions in DeFi. Retrieved from https://medium.com/@hugh_karp/comparing-insurance-like-solutions-in-defi-a804a6be6d48

OpenZeppelin Security. (2020, February 10). Opyn Contracts Audit. Retrieved from https://blog.openzeppelin.com/opyn-contracts-audit/

# 13장

(2020, March 6). Aragon (ANT) Economics. Retrieved from https://www.placeholder.vc/blog/2020/3/6/aragon-ant-economics

(2020, October 20). Proposal: 3 Ideas to Improve Court Security. Retrieved from https://forum.aragon.org/t/proposal-3-ideas-to-improve-court-security/2377

(n.d.). Welcome to Snapshot! Retrieved from https://docs.snapshot.page/

# 14장

Dashboard for DeFi. (n.d.). Retrieved from https://www.defisnap.io/#/dashboard

# 15장

(n.d.). Retrieved October 19, 2019, from https://slideslive.com/38920018/living-on-defi-how-i-survive-argentinas-50-inflation

Gundiuc, C. (2019, September 29). Argentina Central Bank Exposed 800 Citizens' Sensitive Information. Retrieved from https://beincrypto.com/argentina-central-bank-exposed-sensitive-information-of-800-citizens/

Lopez, J. M. S. (2020, February 5). Argentina's 'little trees' blossom as forex controls fuel black market. Retrieved from https://www.reuters.com/article/us-argentina-currency-blackmarket/argentinas-little-trees-blossom-as-forex-controls-fuel-black-market-idUSKBN1ZZ1H1

Russo, C. (2019, December 9). Uniswap Website Geo-Ban Can't Stop DeFi. Retrieved from https://thedefiant.substack.com/p/uniswap-website-geo-ban-cant-stop-370

| | 영문 | 국문 | 설명 | 페이지 |
|---|---|---|---|---|
| **A** | admin key risk | 관리자 키 위험 | 프로토콜용 마스터 개인키가 공격당할 위험 | 149 |
| | annual percentage yield (APY) | 연간 수익률 | 연간 저축 수익률 또는 투자 수익률. 정해진 기간마다 재투자되는 복리 개념이다. | 56, 59, 73 |
| | audit | 감사 | 조직의 기록을 살펴보고 그 내용이 공정하고 정확한 정보인지 확인하기 위한 체계적인 과정. 스마트 컨트랙트 감사는 스마트 컨트랙트 코드를 검토하고 취약점을 발굴하여 조치를 취하도록 하여 해커의 공격을 미연에 방지한다. | 7, 14, 25, 114, 133, 148, 188 |
| | automated market maker (AMM) | 자동화된 시장 조성자 | 사람이 수동으로 주문서로 입찰하거나 매도 호가를 제시할 필요가 없도록 작업을 알고리즘으로 대체한다. | 87 |
| **B** | bonding curve | 본딩 커브 | 암호 토큰의 시세와 공급 간의 관계를 정의하는 수학적 곡선이다. 토큰 공급량이 줄면 토큰 가격은 상승하도록 사전에 설정된 커브에 따라 가격이 결정되는 자동화된 시장 조성자의 역할을 한다. 토큰을 매수 또는 매도하고 싶을 때 사용자는 중개자 없이 바로 시장에서 거래할 수 있으므로 유용하다. | 153, 166 |
| **C** | centralized exchange (CEX) | 중앙집중화 거래소 | 중앙집중형으로 운영되는 거래소로 사용자들의 자금에 대한 통제권을 갖는다. | 84 |
| | claim assessment | 청구 심사 | 보험 청구를 검토하는 것은 보험사의 의무이다. 청구가 수리되면 보험회사는 평가 후 보장 금액 한도 내에서 피보험자에게 돈을 환급해준다. | 151 |
| | collateral | 담보물 | 다른 자산을 빌릴 때 대출 기관에 예치해야 하는 자산이다. 대출금 상환에 대한 보증 역할을 한다. | 11, 23, 44, 58, 103, 161 |

| 영문 | 국문 | 설명 | 페이지 |
|---|---|---|---|
| collateral ratio | 담보 비율 | 디파이 탈중앙화 애플리케이션에 담보물을 예치한 대가로 빌릴 수 있는 자산의 최대 금액이다. | 47, 64, 72, 108 |
| composability | 조합성 | 시스템 설계 원칙 중 하나로, 애플리케이션이 개별 구성 요소를 조합하여 만들어질 수 있음을 뜻하는 성질 | 10, 159 |
| cover amount | 보장 금액 | 보험금 청구 시 보험사가 지급할 수 있는 최대 금액 | 112, 151 |
| crypto-collateralized stablecoin | 암호화폐 담보형 스테이블코인 | 다른 암호화폐를 담보로 하는 스테이블코인이다. 가령 다이(DAI)는 정해진 담보 비율로 이더(ETH)가 뒷받침한다. | 44 |
| cryptoasset | 암호 자산 | 블록체인 위의 디지털 자산. 암호 자산과 암호화폐는 통상 같은 의미이다. | 52, 123 |
| cryptocurrency exchange | 암호화폐 거래소 | 사용자가 암호화폐를 교환할 때 이용 가능한 디지털 거래소이다. 일부 거래소는 법정화폐를 암호화폐로 교환해주기도 한다. | 14, 84 |
| cToken | c토큰 | 컴파운드의 유동성 풀에 토큰을 제공했다는 인증서의 증명(proof) | 62 |
| custodian | 관리인(관리 감독) | 사용자의 자산을 통제 가능한 제3자이다. | 14, 29, 151 |
| Dai savings rate (DSR) | 다이 예치율 | 장기간 다이를 보유한 대가로 얻는 이자. 다이 수요에 영향을 미치는 통화 정책 수단이 되기도 한다. | 47 |
| dashboard | 대시보드 | 디파이 활동을 한곳에 모아놓은 플랫폼. 다양한 디파이 프로토콜에 산재된 자산 내역을 일목요연하게 보여주고 추적하는 데 유용한 도구 | 175 |
| decentralized application (Dapp) | 탈중앙화 앱(디앱) | 이더리움 등의 탈중앙화 P2P 네트워크에서 구동하는 애플리케이션 | 10, 24, 181 |
| decentralized autonomous organization (DAO) | 탈중앙화 자율조직 | 블록체인의 스마트 컨트랙트로 인코딩된 규칙에 의해 운영되는 조직. DAO의 규칙과 거래는 투명하게 공개되며 토큰 보유자들에 의해 통제된다. | 14, 25, 46, 164 |
| decentralized exchange (DEX) | 탈중앙화 거래소 | 중앙집중형 거래소 없이 토큰을 거래하고 직접 스왑할 수 있는 거래소 | 84, 93 |
| decentralized finance (DeFi) | 탈중앙화 금융(디파이) | 중앙집중 기관에 의존할 필요 없이 차입, 대출, 거래, 보험 가입 등의 금융 서비스를 이용할 수 있는 생태계 | 10, 181 |
| derivative | 파생상품 | 기초 자산/상품의 가치에서 파생된 계약이라는 뜻에서 파생상품이라 불린다. 기초 자산의 예로는 원자재, 외환, 채권, 암호화폐 등이 있다. | 15, 100 |

D

| | 영문 | 국문 | 설명 | 페이지 |
|---|---|---|---|---|
| E | ERC-20 | – | ERC는 Ethereum Request for Comment(이더리움 구현 시 요구되는 상세한 절차와 기본 틀을 제공하는 표준 문서)의 약자이며, 20은 제안 식별자이다. 이더리움 네트워크의 개선을 제안하기 위한 공식 프로토콜이며, ERC-20은 이더리움 블록체인 네트워크에서 발행되는 토큰의 표준으로 받아들여진다. | 26, 64, 86, 89, 123, 135 |
| | Ether (ETH) | 이더 | 이더리움 블록체인을 구동하는 암호화폐로서, 이더리움 네트워크 탈중앙화 앱을 움직이는 연료이다. | 22, 49, 110 |
| | Ethereum | 이더리움 | 블록체인 기술을 사용하여 구축된 오픈소스 형식의 프로그래밍 가능한 탈중앙화 플랫폼이다. 응용프로그램 개발이 가능한 스크립팅 언어를 허용한다. | 7, 10, 21, 28, 46, 44, 45, 58, 87, 101, 150, 185 |
| | exposure | 노출(익스포저) | 투자 손실의 잠재적 위험에 얼마나 '노출'되었는지를 나타낸다. 가령 '가격 익스포저'란 가격의 움직임에 따라 손실을 볼 위험을 말한다. | 63, 75 |
| F | fiat-collateralized stablecoin | 법정화폐 담보형 스테이블코인 | 법정화폐를 담보로 하는 스테이블코인이다. 가령 1테더는 미화 1달러에 가치가 고정되어 있다. | 44 |
| | futures contract | 선물 계약 | 미래의 특정 날짜에 특정 자산을 특정 가격으로 매수/매도하기 위해 체결하는 계약 | 15, 100 |
| G | gas | 가스 | 이더리움에서 스마트 컨트랙트를 실행하는 데 필요한 계산량을 측정하는 단위 | 23, 169 |
| I | impermanent loss | 비영구적 손실 | 디파이 풀에 토큰 쌍(pair)으로 유동성을 공급할 때 토큰 간 가격 변동 차이로 인해 유동성을 공급하지 않았을 때 대비 발생하는 일시적인 자금 손실 | 85 |
| | index | 지수(인덱스) | 복수의 기초 자산의 가격 추세를 측정한다. 투자 바구니에 담긴 여러 기초 자산의 전반적인 가격을 추종하여 인덱스가 움직인다. | 15, 104, 124 |
| | inverse | 인버스 | 신세틱스에서 벤치마크 대상에 '숏' 포지션을 구사하는 전략. 가격이 하락하면 수익을 얻는다. | 101 |
| K | know-your-customer (KYC) | 고객 확인 제도 | 금융기관 등이 고객의 신원을 확인하고 평가하기 위한 준법 절차 | 58, 153 |
| L | leverage | 레버리지 | 대출을 이용해 더 높은 투자 수익을 얻는 투자 전략 | 48, 100, 157 |
| | liquidation penalty | 청산 수수료 | 담보 자산 가치가 최소 담보 가치 이하로 떨어질 때 돈을 빌린 자가 강제 청산과 더불어 부담해야 하는 수수료 | 50, 65, 75 |

| | 영문 | 국문 | 설명 | 페이지 |
|---|---|---|---|---|
| R | rebalancing | 자산 리밸런싱 (자산 재분배) | 포트폴리오 내 자산 구성을 원하는 대로 유지하기 위해 자산을 사고파는 일 | 123 |
| | risk assessor | 위험 평가자 | 넥서스 뮤추얼의 스마트 컨트랙트에 가치를 스테이킹한 사람. 다른 사용자가 스테이킹된 스마트 컨트랙트 보험을 들 때마다 보상(NXM 토큰)을 받기 위해 위험 평가자가 된다. | 152 |
| S | slippage | 슬리피지 | 내가 주문한 가격과 실제 체결된 가격의 차이. 보통 유동성 부족으로 생기는 현상이다. | 85, 93, 105 |
| | smart contract | 스마트 컨트랙트 | 제3자를 신뢰할 필요 없이 거래의 쌍방이 거래 조건을 설정하고 실행할 수 있도록 프로그래밍이 가능한 계약 | 11, 22, 84, 87, 101, 110, 134, 144, 148, 150, 164, 170, 181, 187 |
| | Smart Contract Cover | 스마트 컨트랙트 보험 | 스마트 컨트랙트 해킹으로부터 사용자를 보호하기 위해 넥서스 뮤추얼이 제공하는 보험 상품 유형 | 151 |
| | spot trade | 현물거래 | 물건의 인수도와 대금 결제가 즉시 이루어지는 거래 | 111 |
| | stability fee | 안정화 수수료 | 볼트(vault)의 부채 청산 시 원금과 함께 지불해야 하는 '이자율' | 47 |
| | stablecoin | 스테이블코인 | 미국 달러 등의 다른 안정 자산(stable asset) 가치와의 비율이 1:1로 고정된 암호화폐 | 13, 43, 44, 182 |
| | Synth | 신스 | 합성 자산(synthetic asset)의 줄임말과 같다. 어떤 자산과 동일 가치/효과를 갖는 자산 또는 자산들의 혼합물을 가리킨다. | 101 |
| T | technical risk | 기술적 위험 | 스마트 컨트랙트가 해킹당하거나 버그 공격을 당할 위험 | 149 |
| | token | 토큰 | 디지털 자산의 단위. 보통 기존 블록체인에서 발행되는 코인을 가리킨다. | 17 |
| | tokenizing | 토큰화 | 거래 가능한 디지털 자산으로 전환하는 과정 | 126 |
| | total value locked (TVL) | 총 예치 자산 | 디파이 상품에 예치(lock)된 총 누적액 | 11, 148, 188 |
| | trading pair | 거래 쌍 | 거래 시장에서 목표 자산과 쌍을 이루는 기본 자산이다. 예를 들어 ETH/DAI 거래 쌍은 기본 자산이 ETH이고 목표 자산은 DAI이다. | 86 |
| V | value staked | 스테이킹 가치 | 보험사가 위험 대상에 산정한 보장 액수. 보험사의 스테이킹 가치가 위험 대상보다 낮으면 보장할 수 없다. | 152 |

| | 영문 | 국문 | 설명 | 페이지 |
|---|---|---|---|---|
| W | wallet | 지갑(월릿) | 지갑 또는 월렛은 저장, 거래, 상호작용의 기능을 가지며, 사용자와 블록체인을 연결하는 사용자 친화적인 인터페이스를 가리킨다. | 28 |

### 진솔한 서평을 올려주세요!

이 책 또는 이미 읽은 제이펍의 책이 있다면, 장단점을 잘 보여 주는 솔직한 서평을 올려 주세요.
매월 최대 5건의 우수 서평을 선별하여 원하는 제이펍 도서를 1권씩 드립니다!

- **서평 이벤트 참여 방법**

  ❶ 제이펍 책을 읽고 자신의 블로그나 SNS, 각 인터넷 서점 리뷰란에 서평을 올린다.

  ❷ 서평이 작성된 URL과 함께 review@jpub.kr로 메일을 보내 응모한다.

- **서평 당선자 발표**

  매월 첫째 주 제이펍 홈페이지(www.jpub.kr) 및 페이스북(www.facebook.com/jeipub)에 공지하고,
  해당 당선자에게는 메일로 개별 연락을 드립니다.

독자 여러분의 응원과 채찍질을 받아 더 나은 책을 만들 수 있도록 도와주시기 바랍니다.